La chanson est un art aimable
et mineur

# Serge Gainsbourg

**Graphisme :** Agnès Dahan
assistée de Raphaëlle Picquet
**Photogravure :** Quat'coul, Paris
**Fabrication :** Géraldine Lay

© Les Éditions Textuel, 2015
4, impasse de Conti
75006 Paris

www.editionstextuel.com

ISBN : 978-2-84597-535-4
Dépôt légal : Octobre 2015

Double page précédente :
Serge Gainsbourg en studio, années 1960.
Couverture : Serge Gainsbourg, 1966.

# Serge Gainsbourg
## Le génie sinon rien

**Christophe Marchand-Kiss**
**Préface de Laurent Balandras**

*textuel*

**PRÉFACE**

# — GAINSBOURG, L'ENFANT DE LA PATRIE

**Laurent Balandras**

Le soleil est rare dans l'étroite rue de Verneuil située non loin du Paris historique. L'enceinte de l'appartement qu'occupait Serge Gainsbourg continue de se consteller de graffitis remplis d'amour et l'on y tague son portrait au pochoir comme s'il habitait encore cet hôtel particulier acquis en 1967. Le refrain de La Javanaise, chanson pourtant bien loin de l'argot javanais alors en vogue, se fredonne désormais dans toute la francophonie ; chacun connaît par cœur « Ne vous déplaise/ En dansant la javanaise/ Nous nous aimions/ Le temps d'une chanson », des pisseuses aux vieilles canailles. Dans les rues de Paris, le look faussement négligé de Gainsbourg ne provoque plus de réprobations. Le jeune homme chic peut arborer avec superbe une barbe de trois jours et une paire de jeans élimés. À la radio, on s'est habitué à ce fameux *talk-over*, un couplet scandé sur une rythmique, que le rap a institué comme règle d'or. Les voix susurrées, chuchoteurs et chuchoteuses, sont l'apanage des héritiers artistiques de Serge Gainsbourg avec Benjamin Biolay comme chef de file. Les auteurs de chansons en français n'ont plus peur des mots qui claquent, des onomatopées ni des anglicismes. Le reggae a conquis les faveurs du grand public, prouvant qu'il n'était pas une mode passagère mais l'un des nombreux visages de ces musiques noires qui bousculent la prosodie avec volupté.

Gainsbourg est partout. Plus qu'hier. Parce qu'hier, il était en avance.

Serge Gainsbourg a écrit des chansons dont l'impact se répand telle une vigne vierge. Vingt-cinq ans après sa disparition, la liste déjà vertigineuse de ses interprètes est exponentielle. Les nouvelles générations d'artistes français le placent dans le peloton de tête des Maîtres du genre, et, plus surprenant pour ce forgeur de mots apprêtés, la langue anglaise expérimente d'étonnantes adaptations de textes aux rimes savantes et au double sens à peine voilé. Mais, allez traduire L'Anamour ou ce vers extrait de L'Homme à tête de chou :

**PRÉFACE**

« Dans son regard absent et son iris absinthe/ Tandis que Marilou s'amuse à faire des volutes de sèches au menthol » ! Boris Bergman s'autorisa des libertés pour écrire en anglais *Le Poinçonneur des Lilas* (*Just a Man with a Job*) ou *Un jour comme un autre* (*Requiem for Anna*).

L'abdication de Louis-Philippe en 1848 n'a pas complètement réglé le rapport des Français avec la royauté mais c'est loin des prétendants officiels que l'on se dispute le trône entre la famille Hallyday et la famille Gainsbourg. Chacune a sublimé son rapport au public en livrant en pâture une vie si peu privée qu'elle est la nôtre à tous. Nous avons suivi leurs joies, leurs peines, les naissances et les ruptures comme s'ils étaient nos plus proches parents.

Comment ne pas mesurer l'incroyable destin de Joseph et Olga Ginsburg, échoués à Marseille en 1921 d'un bateau qui vidait ses cales pleines de toute la misère de l'ex-Empire russe et des espoirs de Méditerranéens mal lotis ? Muni de faux papiers, le couple traverse la France pour rejoindre Paris. Ils donnent à leurs trois enfants des prénoms qui fleurent la gouaille de ce bitume d'adoption, Jacqueline, Liliane et Lucien, apprennent une langue dont ils savent que sa lumière portée par les intellectuels et leurs idées a éclairé le monde. Lucien francise son nom tout en conservant une larme de l'Empire des Tsars : il devient Serge Gainsbourg. De son premier disque en 1958 à son album reggae de 1979, Gainsbourg cherche le succès. Il l'obtient indirectement en signant pendant vingt ans une poignée de chefs-d'œuvre inscrits au patrimoine de la chanson française, livrés comme autant de décorations à une multitude d'artistes qui les arborent avec fierté : *Le Poinçonneur des Lilas* popularisé par les Frères Jacques, *La Chanson de Prévert* empruntée par Isabelle Aubret, *La Javanaise* adoptée par Juliette Gréco, *Les P'tits Papiers* offerts à Régine, *Poupée de cire, poupée de son* qui permet à France Gall de remporter le concours Eurovision de 1965, *Harley Davidson* indissociable de Brigitte Bardot, *Sous le soleil exactement* immortalisé par Anna Karina, *Comment te dire adieu* écrit pour Françoise Hardy, *Je t'aime... moi non plus* pour lequel il s'efface afin de garantir à sa compagne, Jane Birkin, le fruit du retentissement mondial de ce titre sulfureux, *Manureva* qui relance la carrière d'Alain Chamfort. La gueule de Serge Gainsbourg inspire les cinéastes et ça tombe bien, il adore les actrices et aussi

## PRÉFACE

les acteurs : Michel Simon, Jean-Claude Brialy, Jean-Claude Pascal, Valérie Lagrange, Jean-Pierre Cassel, Michèle Mercier ou Mireille Darc comptent parmi les stars du cinéma adeptes de ce répertoire conçu sur mesure comme un costume porté à l'écran. Plus tard, il capturera dans leurs filets de voix Isabelle Adjani, Catherine Deneuve et Gérard Depardieu.

Entre-temps, il y eut un scandale. Un affront dévastateur. Serge Gainsbourg a enregistré *La Marseillaise* en lui ajoutant une musique reggae. Une version validée par des centaines de milliers d'adeptes, ce qui valut à Serge Gainsbourg son premier Disque d'or puis une pluie de récompenses. Avec le précieux métal s'est abattu un ouragan de haine et d'injures antisémites, déclenché par un article de l'écrivain Michel Droit dans *Le Figaro Magazine*. Ainsi, cet enfant de France, contraint de porter l'étoile jaune pendant l'Occupation, ayant servi jusqu'à la lie son pays en irradiant son histoire de petits bijoux musicaux, devenait-il subitement un Juif qui profane l'hymne national et provoque l'antisémitisme ! Attisée par l'auteur de l'article lui-même, la polémique gonfle jusqu'à la menace. En janvier 1980, le concert que Serge Gainsbourg doit donner à Strasbourg est annulé suite à l'intervention musclée de parachutistes offusqués. L'artiste en sort plus populaire que jamais. L'homme se remet péniblement de cette vague de haine et en conçoit Gainsbarre, l'irrévérencieux alter ego qui ne connaît aucune limite. Dès lors, chaque apparition publique de Serge Gainsbourg provoque le scandale. Pour la jeunesse, il devient le symbole de la liberté et ses dix dernières années de carrière marquent son apogée. À sa mort, une kyrielle d'adolescents pleure une idole dont l'âge voisine avec celui de leurs grands-pères.

Il laisse derrière lui ses compagnes devenues ses muses et deux enfants artistes dont on se soucie avec bienveillance. Si Bambou se montre discrète, Jane Birkin n'a cessé de porter la musique et les mots de Gainsbourg aux quatre coins du monde tout en épousant le cinéma populaire tout d'abord, puis des films d'auteurs, plus exigeants. Lulu qui débute dans la musique a vu son chemin déblayé par sa sœur Charlotte. Actrice mondialement prisée, elle a réussi l'exploit de s'imposer comme chanteuse et parolière sans l'appui du répertoire de son père. Gainsbourg nous a laissé une promesse, Charlotte l'a pleinement confirmée.

**PRÉFACE**

Sans haine et sans rancœur, quand il aurait pu développer du ressentiment, Serge Gainsbourg a symbolisé la France, son esprit et sa culture. Il l'incarne aujourd'hui aux yeux de ses compatriotes, certes, mais également à ceux de beaucoup d'étrangers envieux de la modernité d'une écriture qui sait puiser à la source des rivières les plus fertiles : Baudelaire, Huysmans, Chopin, Dvořák, Brahms ou Grieg, quelques-uns des génies sur lesquels il s'est parfois appuyé. Contraint d'écrire et composer pour lui, pour le cinéma, pour ses interprètes, Gainsbourg n'a cessé d'élever le niveau de la chanson française tout en minorant sa démarche. « Un art mineur pour les mineures », souffle-t-il à l'envi dans des excès de modestie. Ces enfants hybrides mâtinés de poésie, de musique classique, de percussions africaines, d'arrangements anglo-saxons, d'allitérations et d'assonances ont permis à un nombre incalculable d'auteurs et de compositeurs d'aller taquiner la muse avec Gainsbourg dans le viseur.

L'écriture percutante et jouissive de Christophe Marchand-Kiss rend hommage à ce parcours admirable, celui d'un citoyen dont peut s'enorgueillir sa patrie. Tourner les pages de ce livre, c'est fredonner tant de succès inscrits dans un coin de mémoire collective, comme un rassemblement universel, un immense défilé devant le seul drapeau qui nous unit tous, celui des Arts et Lettres auquel Serge Gainsbourg a donné ses couleurs de noblesse.

Préface
## 06  GAINSBOURG, L'ENFANT DE LA PATRIE

Introduction
## 13  LE GÉNIE SINON RIEN

1896 - 1939
## 17  LUCIEN DE RUSSIE ET DE PARIS

1939 - 1945
## 39  LA GUERRE CONTRE LES JUIFS

1946 - 1954
## 53  LA DÉBROUILLE

1954 - 1960
## 73  GAINSBOURG AUTEUR, COMPOSITEUR ET... INTERPRÈTE

1961 - 1965
## 93  PUIS IL IRA CHEZ LES YÉ-YÉ...

1966 - 1968
## 113  DEVENIR À LA MODE

1968 - 1969
## 131  SLOGAN BIRKIN

1970 - 1978
## 155  C'EST LA CRISTALLISATION

1979
## 187  REGGAE ET CÆTERA

1980 - 1991
## 213  IL N'Y AURA JAMAIS DE FIN

- 235  Discographie
- 237  Sources et citations
- 238  Remerciements
- 239  Crédits

# — LE GÉNIE SINON RIEN

Toute vie est digne d'intérêt – même la plus infime. Mais l'intérêt que l'on porte à la vie d'un homme, lorsqu'il a disparu (qu'ont disparu le quotidien et ses moments exceptionnels), réside, si elles existent, dans les intrications entre son œuvre et ce qu'il a vécu, physiquement, matériellement, mentalement, fantasmatiquement, et qui se rapporte, par un biais ou par un autre, à cette existence éphémère bien que singulière et dynamique.

La vie de Serge Gainsbourg est ainsi. Un jeu de réflexions de la vie dans l'œuvre et de l'œuvre dans la vie. Au-delà des faits et du mythe. L'œuvre rattrape littéralement la vie, et la vie rattrape l'œuvre, des années plus tard parfois, ou quasi immédiatement, se cristallisant dans des paroles, des musiques, des films. Va-et-vient permanent entre ce que l'on estime être le réel et ce qui appartient à la représentation, de l'étoile jaune à la *Yellow Star*, de Marilù Tolo à *Marilu*, de Piaf à *Mon légionnaire*, de la naturalisation et des idéaux républicains à *Aux armes et cætera* ; tout ce qui peut exister de ténu ou de crucial dans l'existence et que la représentation vampirise.

Serge Gainsbourg n'avait pas de prédispositions à être chanteur. La chanson était un art mineur et, selon lui, l'est restée. Pourtant, s'il va de soi que les arts dits mineurs s'inspirent des arts majeurs, la réciproque n'est pas couramment admise. Les distinguer pose donc une question théorique (celle du *High and Low*, comme disent les Anglo-Saxons), tant ils sont depuis bien longtemps perméables les uns aux autres, et tant en leur sein même des lignes transversales apparaissent (Vian observait que les auteurs dits mineurs accomplissent, en quelque sorte, un « travail de sape » qui permet, parfois, aux auteurs dits majeurs d'avancer plus vite). Bref, Gainsbourg n'aimait pas la chanson : il voulait être peintre. Peintre il le sera, avant d'y renoncer. L'absolu lutta longtemps contre l'éphémère, la postérité contre la reconnaissance immédiate. Gainsbourg croira une grande partie de sa vie qu'être maudit est le signe d'une élection. Maudits, pourtant,

**INTRODUCTION**

les poètes ou les peintres ne le sont pas : simplement ils flottent au-dessus des classes sociales que certains d'entre eux intègrent parfois par la grâce du marché. La chanson est un marché, elle aussi. Gainsbourg affirmera d'ailleurs qu'on « ne peut être visionnaire dans ces arts dominés par l'argent ». Il oppose ce qui est commercial à l'avant-garde (encore l'éphémère, encore l'absolu), et traduit ses appétits déçus de peintre (et ses lectures des poètes) dans la chanson. Les rimes ? « Des vers libres. » La musique est tonale ? Elle sera « atonale ». La chanson accorde à ceux qui savent y trouver leur place le succès, et leur remplit les poches. Pour Serge Gainsbourg, ce sera « une manière de vivre en marge dans la société » (même si le commerce le rattrapera et que viendra le temps de l'aisance). Dès le début de sa carrière, il y a donc un malentendu qui, au fond, ne sera jamais dissipé, mais qui va lui être profitable. Grâce à cette contradiction, il est devenu le plus grand chanteur français de tous les temps, sa culture, ses désirs et ses choix contribuant pour beaucoup à sa réussite.

Une chanson de Gainsbourg, c'est quoi ? Une position de principe. « Dire des banalités avec un peu d'originalité », affirmait-il. Non distraire du quotidien, mais le bousculer au point que l'auditeur puisse *réfléchir* et *se réfléchir* à l'intérieur d'une autre temporalité. Il introduit dans la chanson une nouvelle approche du temps et du récit : c'est l'album concept dont il est l'un des initiateurs en France.

Une chanson de Gainsbourg, c'est aussi un titre, qui est l'embrayeur de la chanson, à la fois le thème et tout ou partie du refrain. Autrement dit, « le refrain concerne un objet = x, tandis que les couplets forment les séries divergentes où celui-ci circule. Ce pour quoi les chansons présentent vraiment une structure élémentaire », disait en 1972 Gilles Deleuze dans *À quoi reconnaît-on le structuralisme ?* C'est une partition, ensuite. Gainsbourg a beaucoup emprunté à la musique que l'on dit sérieuse. À Brahms, à Chopin, à Dvořák, etc. Mais aussi à Babatunde Olatunji, Miriam Makeba, Fats Waller ou Bob Dylan. Il s'est également nourri de Billie Holiday, Cole Porter, Johnnie Ray, Thelonious Monk, Ray Conniff, Art Tatum – qui était, selon lui, un « génie inégalé » –, John Coltrane, Screamin' Jay Hawkins, Marilyn Monroe, Jimi Hendrix, Jackie McLean, James Brown ou Mahalia Jackson. Martial Solal.

Bartók, Schönberg, Stravinsky ou Gershwin. Cependant, l'emprunt demeure stérile s'il ne subit pas de transformation. Et Gainsbourg transforme. *Rajeunit* samba, mambo, jazz, musiques africaines, rock, reggae, funk et même rap. Il se montre à la fois intuitif et éclectique.

Ce sont enfin des paroles. Versifiées, rimées, certes (il connaît ses règles de prosodie), mais qui se plient aux rythmes et aux vitesses de la musique, qui les épousent *in fine*. Homophonies, assonances, allitérations, paronomases, mots-valises, mots inventés, mots étrangers (en l'occurrence anglais, combinés ou non avec le français), métaphores en tous genres (et souvent décapantes), emprunts et références littéraires (Baudelaire, Rimbaud, Hugo, Nerval, Benjamin Constant, Francis Picabia, James Joyce, Vladimir Nabokov ou Henry Miller), cinématographiques (Robert Aldrich, Bob Rafelson…), picturales (Paul Klee, Francis Bacon…), etc. : toute une musique interne.

Cinéaste, Serge Gainsbourg réalise quatre longs-métrages, dont *Je t'aime moi non plus* qui marqua les esprits dès sa sortie par sa liberté de ton et son montage presque brutal ; écrivain, il publie *Evguénie Sokolov* et des aphorismes dans *Au pays des malices* ; photographe, il fait paraître dans les magazines et sous forme de livres des clichés de Jane Birkin et de Bambou. Comme s'il avait eu le désir de rassembler en un seul homme tout ou partie des arts pour devenir un artiste *absolu*. Mais la vie rechigne à accueillir en son sein cet absolu. On croit être unique, et on est plusieurs. On porte des masques ; des masques à l'infini. Lequel est le vrai ? (Pour parodier Baudelaire.) Aucun, et surtout pas Gainsbarre. Le sauvage joue au réservé, et le réservé au sauvage. Parce qu'il ne s'aime pas ? Pourquoi s'aimer ? Mieux vaut être aimé (même s'il dira « merde à l'amour »). Il le sera, par Brigitte Bardot ou par Jane Birkin ou par Bambou. Un homme (presque) comme un autre, avec des enfants (Natacha, Paul, Charlotte et Lucien). Un jeune Juif russe nommé Lucien Ginsburg (qu'il orthographiait volontiers Ginzburg), naturalisé en 1932, qui porta l'étoile jaune, se cacha, survécut. Si un homme *autre* s'y substitua, celui-ci conserva toujours l'empreinte de l'innocence qu'il n'avait cessé de dissimuler. L'empreinte des tourments aussi. Et c'est bien cette innocence, jamais feinte, jamais déclarée, qui lui permit de rajeunir pendant plus de trente ans la chanson française.

# 1896
# 1939

Olga et Joseph Ginsburg.

— LUCIEN DE RUSSIE
ET DE PARIS

L'histoire a ceci de particulier qu'elle est toujours celle des vainqueurs. Il y a la grandeur ; il y a le néant. Il y a le ciel ; il y a l'enfer. Le néant et l'enfer sont le refuge des vaincus. S'ils ont encore un nom, ils n'ont plus de visage, et leurs actes sont recouverts par la poussière du progrès. Qui se souvient de Kerenski ? Qui se souvient de l'armée de Petlioura ? L'histoire n'en retient qu'un seul : Lénine. L'homme de la révolution d'octobre 1917. Il y a un mythe et, à sa suite, des héros. Puis il y a tous les autres, sacrifiés, honnis, pourrissant dans les poubelles d'une histoire qui n'accorde sa foi qu'en la puissance magistrale de l'homme. Tous les autres ? Non. Il y a aussi ceux qui, ni rouges ni blancs, sont ballottés dans une époque que l'on croirait frénétique, quand le temps s'arrache au temps, quand la loi n'est plus la loi et qu'il n'y en a pas d'autre. On se déclare soleil, mais c'est encore la nuit. C'est encore la guerre. Ceux-là, ils fuient, comme Olga et Joseph Ginsburg fuient la Russie. Ils ne fuient pas leur époque ; simplement, ils désirent la vivre comme ils l'entendent. Elle n'est, pour eux, ni rouge ni blanche. Elle prendra d'autres couleurs. Il y aura du noir ; eh bien tant pis. Il faudra que ce noir s'efface au fil des années, quand leur périple s'achèvera dans le ciel bleu du port de Marseille, et qu'ils apercevront, loin, très loin, au bout d'un quai de la gare de Lyon, une ville qu'ils ne connaissent pas et qu'ils chérissent déjà, car elle sait encore accueillir tous ceux que la guerre, la tyrannie et la peur ont mis sur toutes les mers et sur toutes les routes. Cette ville, c'est Paris. Et c'est la France. L'émigré porte en lui tous les déchirements, tous les adieux d'un rêve brisé, et pourtant, chez lui, nul regret, il va de l'avant, parfois nostalgique, parfois conquérant. Bien qu'on l'oblige symboliquement à rompre avec le pays natal, il conserve tout, et plus que des souvenirs, plus que des traces, il conserve l'idéal de l'identité, son substrat. Mais l'émigré, au fond, n'est identique à rien ; il est partout, et nulle part. Il reprend *son* monde et le multiplie *ailleurs*. Et c'est sa force. Olga et Joseph sont à Paris. La vie nouvelle combinée à l'ancienne. La Russie à Paris. Ils s'appellent Jacqueline, Liliane et... Lucien. Ce sont les enfants de la nouvelle vie.

**1896 – 1939**
LUCIEN DE RUSSIE ET DE PARIS

# L'AMOUR

C'est une ville d'Ukraine, au destin fugitif de capitale, fondée par un Cosaque au milieu du XVIIe siècle et qui porte son nom : Kharkov. C'est là que naît Joseph Ginsburg, le 27 mars 1896, dans une famille de cinq enfants. Son père, Herich, est instituteur, sa mère se nomme Batachava Smilovici. Ils sont juifs. Nicolas II règne depuis deux ans. Il a succédé à son père, Alexandre III, autocrate borné, slavophile délirant, censeur de la presse et inquisiteur policier, antisémite. En un mot, persécuteur. À cette époque, la Russie se métamorphose en puissance économique. C'est à Marioupol, sur la mer d'Azov, qui vit de la pêche et de la houille, et qu'on affublera un temps du nom du théoricien du réalisme socialiste, Jdanov (natif de la ville), que Joseph va pour la première fois connaître les désordres et les affres de la fuite. Son père veut échapper à la conscription : la flotte japonaise vient de torpiller sept bâtiments russes à Port-Arthur, en Chine. La guerre éclate au mois de février 1904. Elle va durer un an et demi.

Carte postale adressée en russe
à Olga Ginsburg par Joseph, 1917.

Joseph Ginsburg.

Olga Ginsburg.

Le père part en Angleterre. Réfugiés en Lituanie, Batachava et les enfants reprennent ensuite le chemin de l'Ukraine, d'abord à Iekaterinoslav, la future Dniepropetrovsk, où Joseph étudie le piano au conservatoire ; puis ce dernier se rend à Théodosie (Feodossia), port de commerce sur la mer Noire, où il rencontre la famille Besman en 1917. Avant la révolution, il y a la révolution de l'amour. Le temps s'arrête parfois pour l'amour. Il y a là, parmi les huit enfants, une jeune femme, de deux ans son aînée, qui prend des leçons de chant. Ils s'aiment tant que le pianiste, contre vents et marées, vents de l'armée de Petlioura, marées des bolcheviks, va rejoindre sa soprano à Pétrograd, où Olga s'est engagée comme infirmière à l'hôpital des officiers du tsar. Là-bas, on manque de tout, et surtout on a faim. On attrape le choléra, le typhus. Tant pis : ils s'aiment et, le 18 juin 1918, ils se marient. Nicolas II et sa famille ne sont pas encore morts. Mais la Russie est déjà une république socialiste fédérative. Joseph voulait être peintre. Dans le Transsibérien, il perdit une toile, qu'il aimait, car il aimait peut-être celle qu'il avait représentée. Il fallait bien perdre l'image d'un amour pour que le véritable surgisse dans le chaos du temps.

**1896 – 1939**
LUCIEN DE RUSSIE ET DE PARIS

# LA FUITE

Un billet de bateau est un précieux sésame. Il ouvre, pour Joseph et Olga, la porte de l'inconnu, de l'étranger et du rapport vrai à autrui. Joseph et Olga fuient, mais ce n'est pas une évasion. On ne s'évade pas de son pays ; on le quitte provisoirement, même si ce provisoire dure toute une vie, en silence, tendu vers l'inexprimable, sans masque. C'est à Bathys, ancien comptoir grec que Turcs et Géorgiens se disputèrent pendant trois siècles, du XV$^e$ au XVIII$^e$, que l'amour, refusant que le maelström politique, fût-il révolutionnaire, l'emportât, se réfugie. Bathys, c'est Batoum, en Géorgie, sur la mer Noire, terminus du chemin de fer transcaucasien. Batoum, c'est une grande année d'attente, d'espoirs et de découragements, de croyances et de désillusions, avant qu'un cargo grec prenne Joseph et Olga à son bord, et que la terre russe disparaisse à jamais, repoussée derrière un horizon que les vagues submergent. Accoudés au bastingage, s'efforçant de fixer un point qui, chaque fois, se meut dans l'espace, comme perdu, ils ont peut-être rêvé de la Russie, petites images évanescentes accrochées à un bout de ciel. Rémanences. Réminiscences. Le cargo fait escale à Trabzon, l'ancienne Trébizonde, forteresse génoise, dernier foyer de la civilisation byzantine, puis à Samsun, que les contemporains d'Alexandre le Grand nommaient Amisos, et où Mustafa Kemal organisa la résistance du peuple turc. La Turquie, et toujours la mer Noire. Ils passent le Bosphore, arrivent en Europe. À Constantinople. Ils y demeurent une partie de l'année 1919, munis de faux papiers qui les déclarent natifs de l'endroit. Joseph, déjà, travaille dans un bistrot du port. Ils attendent, comme ils attendaient, à Batoum, le cargo. Celui-ci sera grec, une fois de plus. Ils font escale au Pirée, puis à Athènes. Ils débarquent à Marseille le 25 mars 1921. Quelques semaines plus tard, ils sont à Paris, où le frère d'Olga, Jacques, installé là depuis trois ans, dirige le département « grains » de l'armateur Dreyfus. « Russes blancs », comme on les nomme. Émigrés qui sont à cette époque 31 000. Leur nombre, trois ans plus tard, aura quadruplé.

Billet de bateau
Feodossia-Odessa, avril 1917.

Vue de Marseille dans les années 1920.

# LA FAMILLE

Une année passe, et déjà un enfant, Marcel, qui meurt d'une bronchite à 16 mois. Puis vient la naissance de Jacqueline, en 1926. Deux ans plus tard, le 2 avril, à 4 h 55, à l'Hôtel-Dieu, Olga Ginsburg met au monde des jumeaux, Liliane et Lucien, un Serge futur… La famille habite le Paris populaire, rue de la Chine, dans le XXe arrondissement, une rue qui s'envole de la rue de Ménilmontant pour dégringoler dans la rue de la Cour-des-Noues, avant de déménager dans un quartier voisin, le XIe, rue de Montreuil. À la maison, en famille, on parle français ; entre eux, les parents s'expriment en russe. Sur le piano paternel, le petit Serge entend jouer Scarlatti, Bach, Chopin. Il apprend, lui aussi. On se rend au concert, on voit des expositions. Les Ginsburg se font une haute idée de la culture. On est artiste avec un grand « a », ou l'on n'est rien. En 1932 (Jacqueline est française par déclaration depuis 1927), ils embrassent la France sans rien renier de leurs origines

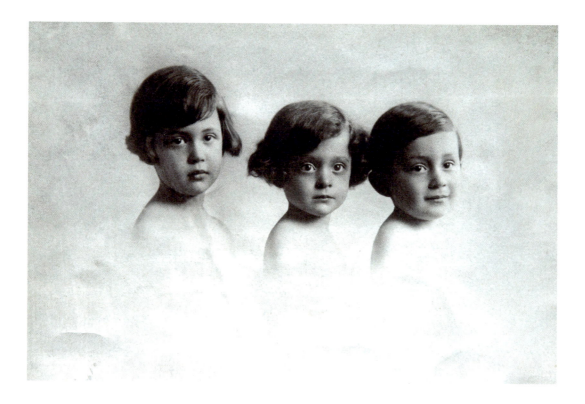

(Olga est inscrite au conservatoire russe). Ils obtiennent une naturalisation que des lois vichystes dénonceront en 1941. Ils déménagent à nouveau, rue Chaptal, dans le IXe arrondissement, face à l'hôtel Renan-Scheffer, l'actuel musée de la Vie romantique, que George Sand habita et que Chopin fréquenta. La rue Chaptal, non loin de Pigalle, dans ce quartier montmartrois des Lorettes qui tient son nom, comme l'affirme Marc Partouche, de « ce[s] femme[s] mercenaire[s], plus roublarde[s], moins naïve[s] et plus dure[s] à cuire » que les grisettes, et qui logeaient sur ce flanc de la colline. Encore un peu de piano. Et le silence. Les Ginsburg n'ont que peu d'amis, mais gardent des liens étroits avec deux des frères d'Olga, Anani et Michel, tailleurs, eux aussi émigrés.

Ci-contre: Jacqueline, Liliane et Lucien Ginsburg.

Ci-dessus, à gauche: Lucien Ginsburg et sa sœur jumelle Liliane.

À droite: Lucien Ginsburg et son père à la plage.

Double page suivante: Olga et Joseph Ginsburg sur la plage à Dinard, 1924.

**1896 - 1939**
LUCIEN DE RUSSIE ET DE PARIS

# PAPA FAIT LA TOURNÉE DES BOÎTES

Que faire avec un piano ? Quantité de choses. Joseph Ginsburg en joue, tout simplement. Dans les cafés, dans les boîtes, dans les pianos-bars, dans les casinos. Premier engagement à la Chope d'Anvers, boulevard de Rochechouart, non loin de chez lui, et dans bien d'autres établissements où la musique lutte contre le brouhaha des voix et des verres qui s'entrechoquent. Premier engagement sur le terre-plein situé en face du Café Pigalle ; c'est là que les musiciens attendent, dès potron-minet, de décrocher un contrat à 20 francs par jour. Univers hiérarchisé où l'on trie, où l'on choisit. La cote d'un musicien qui attend placidement debout n'atteint pas celle d'un autre, assis tranquillement dans un café. Et il y a café et café : on se rassemble selon la notoriété déjà acquise. C'est un monde, mais un monde qui reproduit les classes sociales, à l'échelle réduite d'un métier. Joseph Ginsburg travaille. Il est une valeur sûre, mais sa cote ne vaut pas un engagement prestigieux. Il n'entrera pas dans le milieu très fermé des studios d'enregistrement. Qu'à cela ne tienne, il voyage. D'établissement en établissement. À Sète ou à Bordeaux. Et pendant les vacances, du casino d'Arcachon (de 1929 à 1932) à celui de Cabourg (en 1933), de celui de Trouville (en 1935) à celui de Fouras (en 1936), avec un long détour par le casino de la Corniche, à Alger, où la famille va passer cinq mois. Il joue avec les Tortorella's Jazz. Avec la petite formation de Fred Adison, pionnier du jazz français qu'il a rencontré en 1932, avec laquelle il pianote chez Maxim's des « tubes » absurdes mais indémodables : *Au lycée Papillon*, *Avec les pompiers*, *Quand un gendarme rit*. Il joue aussi aux Enfants de la Chance, nom d'une boîte qui s'inspire du titre d'un roman de Joseph Kessel et dont Serge Gainsbourg saura se souvenir en 1987 en intitulant ainsi une de ses chansons.

Frais d'études de Joseph Ginsburg
à la Schola Cantorum, 1921-1922.

Joseph Ginsburg (au piano)
avec les Tortorella's Jazz.

## LE MONDE DE LUCIEN

Il est mignon, le petit Lucien. Ses petits camarades l'appellent Ginette. Ginette parce qu'il est timide et qu'il ressemble à une fille. Il fréquente la maternelle de sa rue, puis l'école communale de la rue Blanche, jusqu'en 1939. Chez les Ginsburg, on est laïque. Le petit Lucien, lui, fait le clown, amuse la galerie. Il tient cela de sa mère, qui est caustique, voire sarcastique. Signe chez lui d'une grande timidité ? Oui. Pour aller vers l'autre, il lui faut trouver des biais. Des feintes. Alors, clown, ça va. À cet âge, on est peureux, on observe encore les fantômes sous le petit lit en bois qu'on déplie chaque soir dans la salle à manger. On est peureux car le monde est une vaste machine dont on ne comprend guère les rouages. Alors on les invente. Les fantômes, c'est encore le monde, celui qu'on imagine et qui n'arrive, croit-on, jamais. À l'école, le petit Lucien se débrouille bien (même si l'école buissonnière ne lui est pas inconnue), comme sa sœur Jacqueline. Les bonnes notes, les bons points, ça le connaît. Il a donc le droit d'aller coller son nez sur la vitrine de l'épicerie-friandises du bas de la rue Blanche, Au Goût Délice. Et de dévorer un gâteau, le jeudi… Il obtient même la croix d'honneur, distinction qu'il arbore fièrement en arpentant la rue Chaptal, quand, soudain, la chanson, pour la première fois, l'aborde. La chanson se nomme Fréhel, l'interprète de *Tel qu'il est*. Prix de l'excellence scolaire : un diabolo grenadine à l'Annexe, un café du quartier. La chanson, à l'époque, c'est Damia, et *Sombre dimanche*, que Gainsbourg, en 1987, transformera en *Gloomy Sunday* ; c'est Marie Dubas, qui crée *Mon légionnaire*, ensuite reprise par Édith Piaf, et que Gainsbourg, en cette même année 1987, reprendra aussi. C'est encore Trenet (il lui écrira un texte d'hommage). La chanson ? Chez les Ginsburg, on la déteste. Et quand elle se permet d'éructer ses balivernes, le poste de TSF, on l'éteint. On écoute Gershwin. C'est mieux, tellement mieux.

Lucien Ginsburg enfant.

**1896 – 1939**
LUCIEN DE RUSSIE ET DE PARIS

Pas de roman d'Edgar Poe, ni de briquet Zippo. Pas de Ford Mustang. Pas encore. Mais un petit fusil à air comprimé, un tank qui crache des étincelles, une auto rouge que l'on remonte, un gyroscope. Les jouets : une extension violente des représentations, l'alliance de la construction et de la destruction, du docteur Jekyll et de son mister Hyde. Déjà. Les jouets, tel un renouvellement constant, douloureux mais jouissif. Des jouets que le petit Lucien vole pour les offrir à ses copains. Altruisme illégal qui provoque les douleurs de la culotte fessée suivies par un séjour dans un placard, certes noir, comme il convient, mais doté d'un interrupteur ! Joseph est sévère, mais juste. Quand on est enfant, on collectionne. On se fait du monde des séries, des classements. Timbres de l'Afrique-Équatoriale française. Timbres de l'Afrique-Occidentale française. Le temps des colonies, de l'Oubangui-Chari, du Tchad, du Moyen-Congo et du Gabon. De la Guinée, de la Côte d'Ivoire, du Soudan, du Dahomey, de la Haute-Volta, de la Mauritanie et du Niger. Noms persécutés qui font rêver les gosses. Comme ceux des cyclistes, Speicher, Magne ou Lapébie, qui usent leurs mollets dans les lacets du mont Ventoux et du Tourmalet, et finissent leur course dans l'emballage des chewing-gums Globo. Quand on est enfant, on est censé rêver. Et soudain, on est Luc Bradefer, Guy l'Éclair, Mandrake, Tarzan, Bicot ou Robinson. On est le petit tailleur des frères Grimm (« sept d'un coup », dira plus tard Serge Gainsbourg en déplaçant le propos...), on compatit aux malheurs de la petite marchande d'allumettes d'Andersen, on attend impatiemment que la pomme empoisonnée sorte du gosier de Blanche-Neige des frères Grimm. On rêve d'aventures devant les cabarets le Ciel et l'Enfer, le Sacré-Cœur et au cirque Medrano. On s'identifie au monde. Et on le devient, en totalité. C'est alors qu'on y participe. On invente, on crée. La première œuvre (de petites bandes dessinées) de Lucien Ginsburg s'appelle *Les Aventures du professeur Flipus*...

Partition de *Tel qu'il est* interprétée par Fréhel.

Partitions appartenant à Joseph Ginsburg.

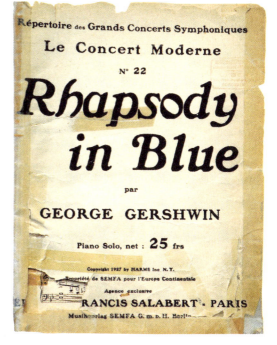

Les cabarets Le Ciel et L'Enfer,
boulevard de Clichy, à Paris vers 1900.

| MOIS | Conduite | Leçons | Devoirs | Application au travail | Instruction morale et civique | Lecture et récitation | Écriture | Grammaire et orthographe | Rédaction | Calcul | Système métrique | Géographie | Dessin | Chant | Travail manuel ou couture | Gymnastique | Absences | Retards | TOTAL des POINTS | OBSERVATIONS | VISA du Directeur | VISA des Parents |
|---|---|---|---|---|---|---|---|---|---|---|---|---|---|---|---|---|---|---|---|---|---|---|
| Octobre | 10 | 9 | 9½ | 10 | | 9 | 9 | 8½ | 8 | 10 | | | 6½ | | | | | | 89½ | Très bien sauf | mad... | J. Gins |
| Classement du mois: 3 sur 39 élèves. |
| Novembre | 10 | 10 | 10 | 10 | | 10 | 9 | 7 | 8 | 5 | | 7 | | | | | | | 86 | Très bien sauf | mad... | J. Gins |
| Classement du mois: 4 sur 37 élèves. |
| Décembre | 10 | 7 | 9½ | 10 | | 10 | 9 | 9 | 8 | 10 | | | | | 8 | | | | 90½ | Très bien sauf | mad... | J. Gins |
| Classement du mois: 2 sur 35 élèves. |
| Janvier | 10 | 10 | 10 | 10 | | 9½ | 9 | 6 | 8 | 7 | | | | 10 | | | | | 87½ | Très bien sauf | mad... | J. Gins |
| Classement du mois: 6 sur 30 élèves. |
| Février | 9½ | 8½ | 9½ | 10 | | 9 | 9 | 7 | 9½ | 9½ | | 9½ | | | | | | | 91 | Très bien sauf | mad... | J. Gins |
| Classement du mois: 2 sur 32 élèves. |
| Mars | Absent — non classé |
| Classement du mois: sur élèves. |
| Avril | 9 | 9½ | 9 | 9½ | | 10 | 8½ | 7 | 5½ | 7 | 7 | | 8 | | | | | | 83 | Effort à faire en Calcul. Bien dans l'ensemble sauf | mad... | J. Gins |
| Classement du mois: 7 sur 36 élèves. |
| Mai | 9½ | 9 | 10 | 9½ | | 9½ | 8 | 8 | 8 | 6½ | 6 | | | | | | | | 83 | Même observation que le mois dernier sauf | mad... | J. Ginsb |
| Classement du mois: 3 sur 41 élèves. |
| Juin | 10 | 9½ | 10 | 10 | | 10 | 8 | 5½ | 7½ | 7½ | | 9½ | | | | | | | 80½ | Admis au Cours Moyen 2e Année | mad... | J. Gins |
| Classement du mois: 4 sur 42 élèves. |
| Juillet | | | | | | | | | | | | | | | | | | | | | | |
| Classement général de fin d'année: 3 sur 40 élèves. |

Relevé de notes de Lucien Ginsburg,
cours moyen, école de la rue Blanche.

# LE MONDE N'EST PAS ROND

Gertrude Stein publia en 1939 Le monde est rond, un monde dont « on pouvait [...] faire le tour » aisément. Et la petite Rose, avec Pépé et Amour, ses deux chiens, son cousin Willie et son lion, le savaient. Le monde des enfants n'est pas idyllique, mais l'Histoire ne hante pas leurs rêves, ni leurs cauchemars. L'histoire est minuscule, elle s'écrit dans les livres d'images. C'était avant que l'écrivain de la rue de Fleurus ne traduise en anglais les discours du maréchal Pétain. Le monde des années 1930 ne convient pas aux enfants ; il rature l'espoir et en fait une boue qui déborde de la bouche, non de fous, mais de monstres idéologiques. En Allemagne, la république de Weimar est morte, Hitler, en janvier 1933, est chancelier. Les premiers camps s'ouvrent, à Tempelhof, à Buchenwald. Nuit de Cristal, remilitarisation de la Rhénanie, démembrement de la Tchécoslovaquie, Anschluss. En Espagne, Franco assassine la jeune république. En Union soviétique, les premiers procès de Moscou commencent. La Pologne est envahie, le Pacte germano-soviétique signé. Et quand bien même, en France, le Front populaire triomphe, l'espoir sera de courte durée. L'histoire minuscule, c'était avant, avant que l'Histoire majuscule ne s'empare d'enfants collectionneurs d'images pour qu'à jamais ils disparaissent, dans des camps. C'était avant, dans un temps qui n'avait rien d'innocent, mais qui n'était pas confisqué. Un temps qui n'était pas encore celui du sang.

Slogans antisémites sur
un magasin juif à Berlin, 1930.

# 1939
# 1945

Parc à jeux réservé aux enfants
et interdit aux Juifs, Paris, 1942.

# — LA GUERRE CONTRE LES JUIFS

Le 1er septembre 1939, la guerre contre l'Allemagne est déclarée. Lucien Ginsburg a 11 ans. Que reste-t-il de cette guerre ? Pour la majorité, demeurent l'attente, parfois l'ennui, la colère devant la pénurie, et la débrouillardise. Pour d'autres, moins nombreux, la réflexion et l'action ne font plus qu'un. Ils résisteront, ils mourront, dans un bois, au coin d'une rue, dans un camp. Car il existe une bande hétéroclite de collaborateurs, constituée de tous ceux qui ont à cœur de prendre une revanche sur 1936, qui résiste, elle, à l'oppressé. Cette bande, c'est Vichy. Pétain obtient les pleins pouvoirs le 10 juillet 1940, grâce à la droite et à une partie des radicaux et des socialistes présents, renégats de 1936. Et pour les Juifs, passifs ou résistants ? Ce sera la peur de tous les instants, l'invective et l'insulte, puis la rafle et la déportation. Ce seront les lois de 1941 et la conférence de Wannsee, où la solution finale sera affublée d'une image poétique, *Nacht und Nebel* (« Nuit et Brouillard »), dont s'étaient servis de nombreux poètes allemands, comme Christian Morgenstern (*Ich liebe dich bei Nebel und bei Nacht* / « Je t'aime dans le brouillard et dans la nuit » – le poète parle de Berlin). Pour Lucien et sa famille, ce sera aussi l'étoile jaune et la fuite. La fuite en zone sud où l'on se cache, bon an mal an, dans un collège, dans un couvent ou dans une chambre, où l'on troque son identité contre une autre, où l'on a peur mais où on lutte pour, simplement, continuer d'exister. Car, en ces années, la mort triomphe de la vie. Elle laissera une trace indélébile sur l'adulte, sur Serge, toujours enclin à vaincre la mort, à la terrasser, mais la laissant toujours s'approcher, et se laissant séduire. Sauver sa vie par l'action, et laisser l'action la détruire. Nous savons peu de la vie, et rien de la mort. Elle est si impalpable quand nous existons, et quand l'existence passe par des actes de création. Mais on la sait infinie, trompeuse, redoutable, imprévisible. En ces temps où le fascisme était, comme le dit l'écrivain et collaborateur Brasillach, la « sainte folie » de beaucoup, elle était simplement là, à tout moment, elle avait valeur idéologique et était planifiée. Il fallait, coûte que coûte, lui échapper.

**1939 – 1945**
LA GUERRE CONTRE LES JUIFS

# LA GUERRE, PAPA, ÇA FINIT À NANTEUIL

C'est donc la guerre, celle que d'aucuns ont trouvée « drôle », cette débâcle de l'armée, cette faillite de la République. Une guerre éclair de quelques semaines, en mai 1940, qui voit les Allemands envahir coup sur coup les Pays-Bas, la Belgique et la France. Les Ardennes, Pétain lui-même l'affirmait en 1934, étaient réputées imprenables, grâce à leurs forêts. Par conséquent, les soldats qui les défendent sont peu armés et peu formés. L'armée allemande crée donc une brèche de 90 kilomètres dans le dispositif français. L'armistice est signé le 22 mai 1940, à Rethondes, comme en 1918, mais le résultat est inverse. « Les loups », comme le disait Serge Reggiani dans une chanson, « sont entrés dans Paris. » Ils sont gantés, bottés et « bien élevés ». L'Occupation commence, d'abord en zone nord puis, dès 1942, en zone sud. Joseph Ginsburg, quant à lui, est affecté le 19 septembre 1939 au 223ᵉ RRT, à Nanteuil-le-Haudouin, dans l'Oise, où il se contente de creuser quelques tranchées, avant qu'on le renvoie à Paris le 23 octobre. La famille se trouve elle à Dinard, station balnéaire d'Ille-et-Vilaine, dont le charme désuet rappelle la vogue bourgeoise des bains de mer à la fin du XIXᵉ siècle. Les enfants sont inscrits dans un lycée de guerre situé dans la villa Nahant, aujourd'hui détruite. Lucien est en sixième. Il a de bonnes notes, surtout en anglais et en histoire. Les Allemands sont dans la ville.

Lettre d'Olga à son mari Joseph Ginsburg mobilisé dans la 8ᵉ compagnie du 223ᵉ RRT, écrite par Jacqueline, 1939.

La plage de l'Écluse à Dinard.

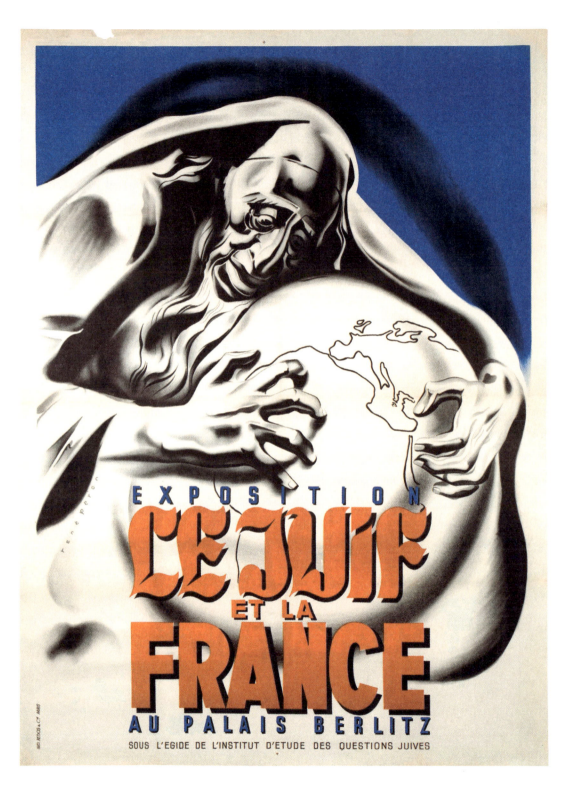

# L'ARYANISATION DE LA FRANCE

Aryaniser, tel est le but. Transformer les Juifs en parias, telle est la méthode. Aryaniser les entreprises, confisquer les biens des Juifs – s'approprier les œuvres d'art, par exemple, pour les « mettre à l'abri », selon l'infecte terminologie de l'époque –, les recenser systématiquement en apposant un cachet rouge, « Juif », « Juive », sur la carte d'identité, leur faire porter l'étoile jaune. Le tout entre la fin 1940 et l'été 1941. Avant les rafles, avant la déportation massive décidée par Hitler et appliquée avec zèle par Vichy. Désormais, on sait reconnaître un Juif, son long nez de « mouton », ses doigts crochus, ses yeux globuleux. Le Juif, le vieil usurier, qui a fait main basse sur le monde. Une main invisible de plus. Georges Montandon le dit. Une exposition le décrit. Un film, *Le Juif Süss*, de Veit Harlan, dont Serge Gainsbourg se souviendra dans *Rock Around the Bunker*, autorise son élimination. On a même érigé sur la Mexicoplatz à Berlin une statue du Juif, pour montrer aux enfants et à leurs parents à quoi il ressemble. Il est laid, recroquevillé. Une espèce de sangsue : voilà le Juif. La famille Ginsburg est recensée, contre l'avis d'Olga qui comprend, prévoit, s'alarme. Mais il ne s'agira plus de pogroms. Quand le massacre était confus, il se fera méthodique. Méthodes « industrielles ». La famille Ginsburg est une famille de parias pour l'État français, mais Joseph réussit pourtant parfois à travailler. En 1941 et 1942, il joue à la Cabane Cubaine. Tous les patrons de boîtes ne sont pas, heureusement, antisémites. Certains sont même protecteurs. Malgré les demandes pressantes d'aryaniser les troupes, « toute infraction pouvant engager leur [celle des patrons d'établissements] responsabilité personnelle ». Malgré la Sacem qui décide, sans que Vichy le lui demande, de bloquer les droits d'auteur des sociétaires juifs.

Affiche de l'exposition *Le Juif et la France*, Paris, 1941.

# RENSEIGNEMENTS SCOLAIRES

### Attitude en classe.

- Vivant ou passif ? **Vivant**
- Docile ou indiscipliné ? **Très docile**
- Timide ou maître de soi ? **Timide**
- Attentif ou distrait ? **Attentif**

### Aptitudes intellectuelles.

- A-t-il de la mémoire ? **oui**
- Est-il curieux ou indifférent ? **curieux**
- Vif ou lent ? **Lent**
- Superficiel ou solide ? **Solide**
- En quoi réussit-il le mieux ?
- En quoi réussit-il le moins ?

{ *Bien équilibré. Pas d'indications très nette pour une orientation future.* }

### Travail à la maison.

- Les devoirs sont-ils soignés ou négligés ? **Très soignés**
- Les leçons sont-elles bien apprises ? **Oui**
- Travaille-t-il vite ou lentement ? **Plutôt lentement.**

### Appréciation générale.

Vous paraît-il avoir l'intelligence et la volonté nécessaires pour faire avec fruit des études secondaires ?

*Sans aucun doute le jeune Ginsburg peut faire avec profit des études secondaires. Très appliqué et volontaire plutôt que brillant.*

Pour pousser éventuellement au delà des études secondaires ?

*Il peut développer des qualités solides pour l'avenir.*

Le Directeur de l'École.

**1939 – 1945**
LA GUERRE CONTRE LES JUIFS

# LUCIEN, LA MORT, LES MORTS

Il y a la mort des autres, celle qu'on programme. Il y a celle de Lucien, possible, plausible, moins terrible aussi. Il a la tuberculose. À cette époque, difficile d'en réchapper. Pourtant, Robert Debré, père du « père » (un Michel) de la Constitution de 1958 et grand pédiatre, va le sauver. Il est envoyé à Courgenard, un petit village de cinq cents habitants dans la Sarthe, chez les Dumur. Convalescence à la campagne, bon air et basse-cour, loin des drames, loin de la tragédie qui s'annonce, qui, déjà, est là. Quand Lucien revient à Paris, il ne s'inscrit pas au Petit Condorcet, mais échoue au cours Du-Guesclin, en 1942 et 1943. C'est le temps des zazous, aux vestes qui tombent sur les genoux, aux pantalons courts, aux cheveux ultralongs et à la houppette. Le swing.
Un peu de Trenet, un peu de Johnny Hess. Lui porte l'étoile jaune, la *Yellow Star* de *Rock Around the Bunker*. Un peu de Catulle, un peu de Jules César, car l'existence n'est faite que de contradictions. Et pas de maths. Il est nul. Mais un engouement naissant pour la forme sonnet, ce dont *Melody Nelson*, plus tard, portera la trace. D'étoile jaune, il n'y en a pas sur la poitrine d'Olga. Au péril de sa vie, elle se rend toutes les semaines en banlieue pour en rapporter de quoi manger (un grand nombre de commerces sont interdits aux Juifs). Joseph n'a plus le droit de travailler. Il passe en zone sud. Enchaîne les contrats, à Bandol, à Aix-les-Bains, dans les Pyrénées, à Lyon, à Nice, à Toulon. De rafle, il n'y en aura pas pour eux non plus. Un inspecteur de police, étrangement, les protège. La famille va dormir chez des amis juifs homonymes, les Ginsbourg. Elle se cache, déjà. En revanche, l'oncle de Lucien, Michel Besman, est pris dans la rafle du Vel' d'Hiv', et connaîtra le quai d'Auschwitz, antichambre de la mort. Il ne reviendra pas.

Fiche de renseignements
scolaires de Lucien Ginsburg,
école primaire de la rue Blanche.

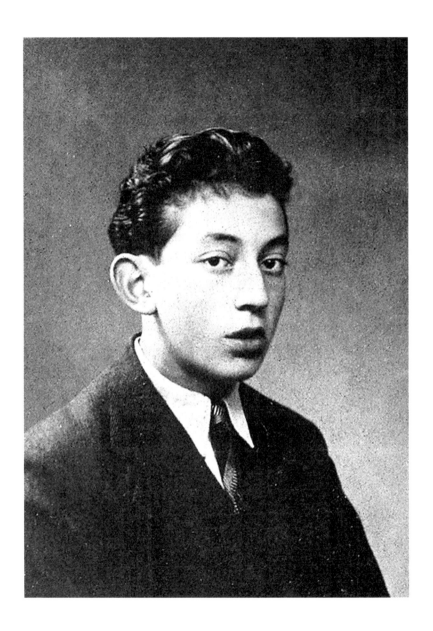

Lucien Ginsburg.

Relevé de notes de Lucien
Ginsburg au collège Du-Guesclin,
classe de quatrième.

# COLLÈGE DU GUESCLIN

23 bis, Rue de Turin, PARIS (8e) - Tél. : EUR. 38-73

DIRECTEUR : D. JACQ, ✱, O. I. ✢
DIRECTEUR HONORAIRE DU PETIT LYCÉE CONDORCET

## ANNÉE SCOLAIRE 1942 - 1943

Nom de l'Élève : GINSBURG Lucien    Classe de 4eme A

Ier Trimestre

| MATIÈRES | COMPOSITIONS Notes (sur 20) | Places sur 35 élèves | OBSERVATIONS DES PROFESSEURS |
|---|---|---|---|
| Français | 13 | 2e | Bon élève, travailleur, consciencieux, qui, malgré son retard dû à sa santé, a fait de très louables progrès. C'est bien, qu'il continue à travailler avec courage. |
| Latin Version | 4 | 25e | |
| Latin Thème | 7½ | 13e | |
| Grec Version | 16½ | 3e/10 | Bien pour le grec, mais pourrait mieux encore ; il se compte. |
| Grec Thème | | | |
| Mathématiques | 5 | 23e | Travail personnel insuffisant. Peut beaucoup mieux faire. |
| Physique et Chimie | | | |
| Sciences naturelles | 9 | 21e | C'est très... Pourrait mieux faire. |
| Histoire | 11 | 13 | |
| Géographie | 8½ | 22e | Bon élève ; cartes très soignées. Mais j'espère de bien meilleurs résultats encore. |
| Anglais | 10½ | 8e/23 | Bon ilx — |
| Allemand | | | |
| Espagnol | | | |
| Récitation | 7½ | 21e | |
| Dessin | 16½ | 3e | Bon élève donne satisfaction. RB |

Tableau d'Honneur trimestriel :   INSCRIT

Conduite : bien
Travail : bien
Progrès : AB

Bon élève dans l'ensemble. — J'espère que certains résultats de compositions seront améliorés au 2e trimestre.

Paris, le 23 Décembre 1942.

Le Directeur,

**1939 – 1945**
LA GUERRE CONTRE LES JUIFS

# LA TRAQUE

Joseph s'appelle Guimbart, il habite au 13 rue des Combes, dans un petit deux-pièces, à Limoges. Il s'appelle Jo l'Onde, il joue du piano au Cyrano, à la Coupole, au Café Riche. Son nom : Joseph Ginsburg. Il est traqué. Sa famille est traquée. Ses filles, Jacqueline et Liliane, se cachent dans une institution religieuse. Son fils, Lucien, est pensionnaire au collège de Saint-Léonard-de-Noblat, non loin de là. Lucien, c'est le « philosophe », ainsi l'ont baptisé ses camarades. Le collège se trouve à la sortie du bourg, il est austère, ses murs sont gris ; c'est un collège comme on en bâtissait du temps de Jules Ferry, avec ses horaires sévères, son dortoir et ses lits en fer, ses leçons de morale et ses punitions. Un bâtiment central flanqué de deux ailes dont l'une a brûlé en 1941. Les élèves : des fils de paysans, d'artisans, et quelques jeunes Juifs que le directeur, antifasciste, a décidé de soustraire à une mort infâme. Louis Chazelas, tel est son nom. La soixantaine, grand, brun, ventru, presque chauve, il ne sort jamais sans son chapeau rond. Quand il apostrophe un mauvais élève, c'est par un tonitruant « Philippe Andouillard ». « L'Andouillard », c'est Pétain. Un euphémisme. Lucien connaît le danger, mais il continue d'apprendre et lit ce qu'on lit à cet âge : Rudyard Kipling, Fenimore Cooper, Daniel Defoe. Il écrit aussi un journal intime. Pendant ce temps, Olga, à Paris, a organisé un faux déménagement. Elle a trouvé une chambre de bonne où entasser le mobilier. Elle a envoyé le piano de Joseph chez des amis. Elle évite le pillage. Elle évite la déportation quand, en 1944, Joseph est arrêté à Limoges lors d'une répétition de son orchestre, à la suite d'une dénonciation. Elle ment – elle se fait passer pour la femme de ménage des Ginsburg. Ils sont miraculeusement relâchés. Ils fuient. Au Grand Vedeix, à Saint-Cyr, chez les Sansonnet. Ils attendent une hypothétique libération : que peuvent-ils faire d'autre ? Georges Guingouin, le chef communiste du maquis du Limousin, libère Limoges en 1944. Avant, il y aura eu Oradour-sur-Glane, à une vingtaine de kilomètres du Grand Vedeix, où les Allemands tuèrent 642 villageois. Avant, 76 000 Juifs de France auront disparu dans les camps.

Dortoir du collège de Saint-Léonard-de-Noblat.

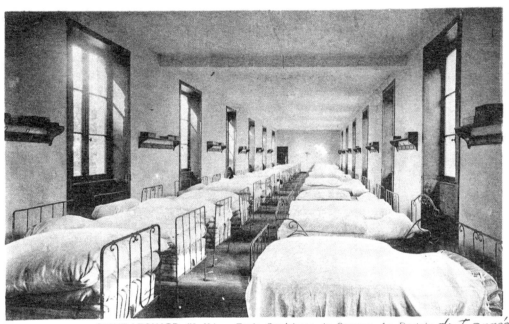

SAINT-LÉONARD (H.-V.). - Ecole Supérieure de Garçons. Le Dortoir. *de l'année*

# 1946
# 1954

Lucien Ginsburg devant une de ses toiles.

# — LA DÉBROUILLE

N'était cette pesanteur que la vie nomme incertitude, que deviendrait l'homme ? Une bulle d'air. De mortel ennui. Trop de besoins, pas de désirs. Alors on fait sans faire, ou bien on ne fait rien, on ne décide rien, on laisse faire. Quand Lucien revient à Paris, il abandonne l'école, ou c'est elle qui l'abandonne. Il vit chez ses parents, c'est la règle. Car les désirs d'un père et d'une mère ont ceci de singulier qu'ils sont contradictoires : on aspire à se séparer de l'adulte qui émerge, mais on continue de chérir l'enfant que l'on parvient encore à reconnaître, même s'il s'estompe derrière cet Autre que l'on craint. Coexistent la peur du vide et la conscience de devoir le remplir, à tout prix. Lucien, en ces années d'après-guerre, doit se « débrouiller ». Si la situation est confuse, il faut la clarifier. Et cela, pour atteindre les sommets. Mais il est trop tôt. On ne le sait pas ; on le pressent seulement : rien n'est prêt. Surtout pas soi. Mais prêt à quoi ? On n'ambitionne jamais de reprendre le métier de son père et, pourtant, on le reprend, car les codes en sont familiers. On le *reprend* pour mieux s'en débarrasser. On apprend. Lucien, ce « garçon triste et sévère », comme le dira plus tard Serge Gainsbourg, apprend. La guitare. Et toujours le piano. Il apprend l'amour. Et le mariage. Il apprend le rapport à autrui. Au service militaire comme dans une institution pour jeunes Juifs orphelins. Il apprend, et finit par découvrir l'architecture et surtout la peinture. Chez les Ginsburg, on le sait, n'est vraiment homme que celui qui accède à l'art. Devenir peintre, tel est le but de Lucien. Il l'atteint, mais imparfaitement. Il devient peintre, mais le quotidien a ses exigences, ignorées de la peinture. Le quotidien élude le détachement ou, mieux, le rejette. Le mot « abnégation » lui est inconnu, et les « illusions donnent sur la cour ». Pas d'argent, pas d'art. Pas d'argent, rien que des expédients. Lucien écrira donc des chansons, passera, en claqueur de doigts, de l'art majeur à l'art mineur, donnera au fil du temps sa tonalité majeure à ce qui, en mode mineur, ne valait pas (même) « une jambe de bois ».

**1946 – 1954**
LA DÉBROUILLE

# RETOUR À PARIS

C'est le temps des P4, mais ce n'est déjà plus le temps du lycée. Lucien n'aura pas son bac. Olga et Joseph, dès la fin de la guerre, ont repris possession de leur appartement et de leurs meubles, puis ils déménagent avenue Bugeaud, dans le XVIe arrondissement. C'est le temps des lectures, de Rimbaud à Gorki, de Constant à Flaubert, de Baudelaire à Lautréamont, de Poe à Sartre. Lucien, selon son père, n'aime pas travailler et, comble du ressentiment pour Joseph, son fils n'aime pas non plus la musique. Il apprend pourtant la guitare, s'initie aux rythmes de Django Reinhardt, au paso doble, au musette, joue devant les terrasses des cafés et, le samedi soir, dans des dancings ou dans des bals, pour des mariages, des baptêmes ou des bar-mitsva. Il chante, même en espagnol. C'est le temps de la débrouille. Comme son père vingt ans plus tôt, il attend un improbable engagement sur la place Pigalle et, comme son père à ses débuts, attend debout pendant que d'autres se prélassent, assis au café d'en face ou installés à la terrasse d'un autre établissement, un peu plus bas. Rien n'a changé. La même hiérarchie est toujours en place. Seules les têtes changent. C'est le temps où Lucien est fauché. Alors, au début des années 1950, il fait des collages ou colorie des photos noir et blanc qu'on accroche devant l'entrée des cinémas. Des centaines de Marilyn Monroe défilent. Sur les lèvres de l'héroïne de *Niagara*, qui demeurera au nombre de ses idoles, Lucien applique un rouge carminé. Le projecteur est rouge au Blue Note, aussi, et la voix de celle qui chantait *My Old Flame*, *Billie's Blues* et *Gloomy Sunday*, se révèle à Lucien : Billie Holiday, la Lady Day d'une passion qui ne se démentira pas chez Gainsbourg, le jazz.

Carte individuelle d'alimentation
de Lucien Ginsburg, 1949.

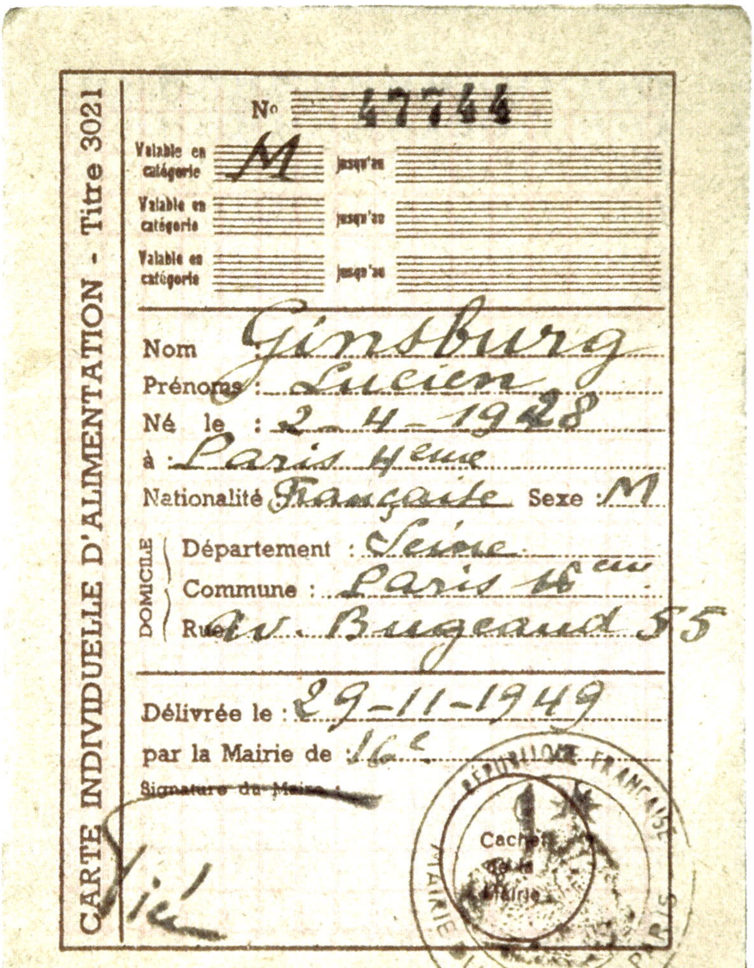

CARTE INDIVIDUELLE D'ALIMENTATION - Titre 3021

N° 47744

Valable en catégorie M jusqu'au

Valable en catégorie jusqu'au

Valable en catégorie jusqu'au

Nom Ginsburg

Prénoms : Lucien

Né le : 2-4-1928

à : Paris 4ème

Nationalité Française Sexe : M

DOMICILE
Département : Seine
Commune : Paris 16ème
Rue Av. Bugeaud 55

Délivrée le : 29-11-1949

par la Mairie de : 16e

~~Signature du Maire :~~

Cachet de la Mairie

RÉPUBLIQUE FRANÇAISE MAIRIE DU 16e Arrt DE PARIS

Pte DAUPHINE

**1946 – 1954**
LA DÉBROUILLE

# ET MOI AUSSI,
# JE VEUX ÊTRE PEINTRE

Tel Étienne-Louis Boullée, l'architecte classiciste révolutionnaire du XVIII<sup>e</sup> siècle qui voulut être peintre, Lucien, apprenti en architecture pendant moins de deux ans, voulut consacrer sa vie à la peinture. Dès 1940, il est inscrit à l'académie Montmartre et suit les cours de Jean Puy, un artiste post-impressionniste, ainsi que ceux de Charles Camoin, qui exposa avec Matisse, Dufy ou Marquet et entretint une correspondance avec Cézanne. Après guerre, il fréquente à nouveau l'académie, désormais dirigée par Fernand Léger. Léger ? Un lourd, dira Gainsbourg, alors qu'André Lhote, qui a évolué depuis plus de vingt ans vers un style assez décoratif, est, selon lui, un excellent théoricien, auteur d'un *Traité du paysage* (1939) et d'un *Traité de la figure* (1950), fin analyste de l'œuvre de Bonnard, dont Lucien tentera de s'inspirer. Un autoportrait. Deux enfants sur une plage. Un nu près d'un arbre. Un vase peint. Ce qui reste de l'œuvre de Lucien. Ses préférences vont à Paul Klee et à Gustave Courbet, notamment à *L'Atelier du peintre*, dont il copie la toile au Louvre, comme plusieurs œuvres du Titien, de Delacroix ou de Géricault. Il veut être Courbet ou rien. Pourtant, dans la chambre de bonne de l'avenue Bugeaud prêtée par ses parents, il détruira presque tout. Reste la musique. La musique, peut-être. Son père l'emmène aux répétitions d'orchestre, où il voit Alfred Cortot interpréter Chopin. Il est un temps inscrit à l'école normale de musique de Paris et à l'académie de la Grande Chaumière. Dès 1952, il retourne jouer dans les dancings et les bals. La peinture ? Plus le temps. Et puis, à quoi bon ? Comme il l'affirmera plus tard, il a « peur de la misère ».

Boîte à compas de Lucien Ginsburg.

Autoportrait de Lucien Ginsburg.

**1946 – 1954**
LA DÉBROUILLE

# UNE VIOLENTE PASSION

Elle a 21 ans. Fille d'immigrés russes, elle est mannequin. Elle est belle, forcément. Il la rencontre à l'académie de peinture en 1947. Coup de foudre ? Sûrement. L'anecdote du « petit tailleur » des frères Grimm vient de là. Sept d'un coup : pour le premier, ce sont des mouches, pour Lucien, c'est l'amour, sept fois, une nuit, dans une pension de famille de la place Clichy où elle habite. Détail ? Non, vraie vie. Le quotidien est moins réjouissant : c'est, comme on dit, la galère. Lucien vit aux crochets d'Élisabeth, alors dame de compagnie et secrétaire de Georges Hugnet, l'ami agoraphobe des surréalistes qui, sans savoir l'anglais, avait traduit Gertrude Stein au début des années 1930. C'est la galère, et ils passent du foyer d'artistes de la Schola Cantorum à l'hôtel Royer-Collard, où vivent à la même époque Léo Ferré et sa femme Madeleine, du home Saint-Jacques à une chambre de bonne dans la rue Lesage. Ils se marient le 3 novembre 1951, au Mesnil-le-Roi. « Je t'aime sans retenue », disait Lucien. La passion a pourtant de ces errements qui esquissent les séparations. Elle est trop puissante ; non qu'elle emporte tout, mais il lui faut des dérivatifs afin qu'elle s'adoucisse, devienne (presque) légère. Parfois elle s'éteint cependant dans ce que la morale bourgeoise nomme l'adultère. Le couple divorce en octobre 1957. Plus tard, Élisabeth Levitzky militera à la CFDT où elle dirigera le centre pour le développement de l'information sur la formation permanente. Bien loin de Gainsbourg, alors star controversée.

Extrait d'une lettre de Lucien Ginsburg
à Élisabeth Levitzky.

la voix j'ai vu que la réalité sera encore plus belle que nos lettres.
le moindre détail de ton corps m'est présent et je deviens fou d'attendre.
Je l'aime sans retenue de la plus violente passion
lucien

**1946 - 1954**
LA DÉBROUILLE

# AU SERVICE DE QUOI ?

Autant le Serge Gainsbourg des années 1980 prisera l'uniforme, le policier ou le légionnaire, autant le Lucien Ginsburg de la fin des années 1940, s'il n'est pas un farouche antimilitariste, renâcle à accomplir son service. C'est la raison pour laquelle il s'est inscrit à l'école normale de musique de Paris. Pour gagner du temps. Mais scrupules et délicatesses n'embarrassent guère le bras armé de l'État. « Sursitaire » est un mot transitoire. Dans le dictionnaire militaire, « incorporé » lui succède imparablement. Lucien remplit donc ses obligations à partir du 15 novembre 1948. On le renverra « dans ses foyers », selon l'expression idoine, un an plus tard. Que faire, quand on est soldat ? Se doucher. Première douche. Boire du bouillon, manger du pâté, du biscuit au pain. Premier repas. Rien de réjouissant, mais il faut continuer. Potage, maquereaux à l'huile et café soluble. Premier dîner. Première nuit, premier réveil, au clairon. Et re-café soluble, et re-biscuit au pain. La caserne Charras, son premier lieu d'affectation, se trouve non loin de Paris, à Courbevoie.

COURBEVOIE. — Les Casernes Charras

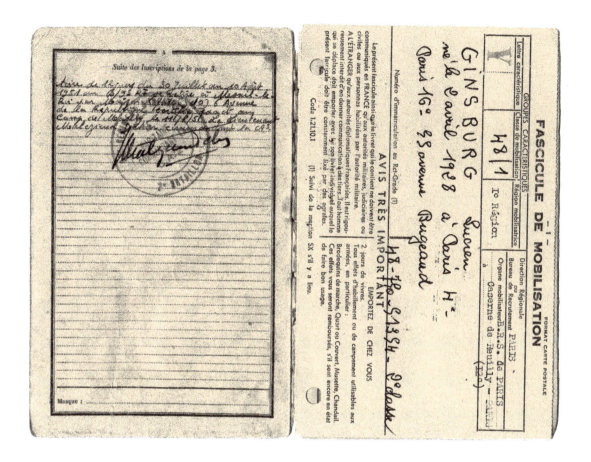

93ᵉ régiment d'infanterie, 1ᵉʳ bataillon. C'est formateur, puisqu'on y fait des exercices de tir. C'est martial puisqu'on défile sur l'actuelle place de la Défense. C'est convivial puisqu'on y rencontre toutes sortes de camarades, du bourgeois au prolétaire. C'est égrillard, puisque les dessins érotiques de Lucien font rire la chambrée. C'est prémonitoire, puisqu'il se met à l'alcool, lui qui ne buvait que de l'eau. C'est comme partout, puisqu'il y attrape la grippe. La guerre n'est pas finie, puisqu'il y rencontre l'antisémitisme. On le traite, dit-on, de tire-au-flanc. Mais il fait les grandes manœuvres. On l'envoie au camp de Frileuse, dans les Yvelines, à une vingtaine de kilomètres de Versailles, un camp fondé par le maréchal de Lattre de Tassigny, où la discipline est sévère. Lucien se tire de tout. Un an de gagné, un an de perdu, qui sait ?

La caserne Charras à Courbevoie.

Fascicule de mobilisation de Lucien Ginsburg.

**1946 – 1954**
LA DÉBROUILLE

# LA MAISON DES RÉFUGIÉS ISRAÉLITES

Champsfleur est un nom bucolique qui apaise, là où la tragédie subsiste encore. Car au Mesnil-le-Roi, dans les Yvelines, cette grande maison de maître abrite des « réfugiés israélites ». Environ deux cents enfants juifs orphelins ou rescapés des camps nazis y sont accueillis dès 1947. Le directeur de l'institution, Serge Pludermacher, originaire de Vilnius, est le fils de Gerchon Pludermacher, dirigeant du Bund, le parti socialiste juif qu'il a fondé en Russie en 1897. Le premier a créé une institution identique au Mans, la Maison des Buissons. Grâce à son ami Jacob Pakciarz, Lucien va exercer là l'emploi de moniteur de 1950 à 1952. Qui emmène les enfants à l'école publique de la bourgade ? C'est Lucien. Qui les ramène ? C'est Lucien. Qui chante lors des veillées, prépare des sketches ? Lucien. Déguisé en fakir, sortant des cartes de ses larges manches ? C'est lui. Qui leur donne des cours de dessin ? Encore lui. Et qui leur apprend la musique ? Toujours lui. Il travaille avec l'ensemble de mandolines et s'occupe de la chorale. Aux chants yiddish et révolutionnaires, il préfère réaliser des arrangements du *Chœur des chasseurs* du *Freischütz* de Carl Maria von Weber ou des *Ruinen von Athen* de Beethoven, écrites pour le drame de Kotzebue. C'est aussi à Champsfleur que Lucien écrit et compose sa première chanson, *Lolita*, pour une femme de ménage répondant à ce prénom qui deviendra le titre du plus célèbre ouvrage de Nabokov, quelques années plus tard. La femme de ménage cédera la place à une sale gosse dévergondée. Et pas de Humbert Humbert à l'horizon. *Lolita*, qui marquera tant Gainsbourg. Mais ce n'est pas encore le succès. Lors d'un radio-crochet au Mesnil-le-Roi, il est hué par le public. Il est i-nau-di-ble.

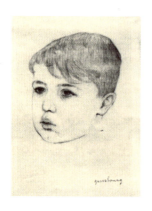

Portrait de Georges Pludermacher âgé de 6 ans, fils de Serge Pludermacher, par Lucien Ginsburg.

Champsfleur au Mesnil-le-Roi.

Cours de mandoline à Champsfleur, au Mesnil-le-Roi. Au fond : Lucien Ginsburg.

MESNIL-LE-ROI. — Champfleur.

# BULLETIN DE SALAIRES

NOM  Ginsburg Lucien
ADRESSE  55 Av Bugeaud Paris XVI
EMPLOI  Pianiste          Cat. Prof.
No Imm<sup>on</sup> S. S.  1 28 04 75 104 01

Salaire du 1 au 9 et au 10 au 18 / 9 19 56

| | | | |
|---|---|---|---|
| SALAIRE FIXE | | | |
| Journées : 9 à 3200 | 28.800 | | |
| Heures 9 à 2200 | 19.800 | 48.600 | |
| Heur. sup. à | | | |
| SALAIRE BRUT | 48.600 | 48.600.- |
| — Abattement Prof. 20 % | 9.720 | |
| Reste | 38.880 | |
| + Avantages en nature | 3.420 | |
| A DÉDUIRE | | |
| Sécurité Sociale sur Plafond | 42.300 | |
| | 36.540 | 21.192 |
| SALAIRE NET | 46.408 | |
| + Indemnités diverses exonérées de charges sociales  Voyages | 3.000 | |
| Total | | |

ACOMPTES :

**NET A PAYER** . . 49.408

Nom et Adresse
ou
Cachet de l'Employeur

Cotisation S. S. versée

sous N° .................

à Caisse Primaire S. S.

de .................

# UNE NUIT CHEZ MADAME ARTHUR

Au cours des vacances de Pâques 1954, Lucien devient pianiste d'ambiance au Club de la Forêt du Touquet. Le patron des lieux, Flavio Cucco, une figure de la ville, a dirigé avant guerre un autre club, Le Chatham. Lucien va jouer et chanter dans cet établissement durant quatre étés : Ferré (*Monsieur William*, qu'il chantera à nouveau lors d'une émission de télévision en 1968), Mouloudji (*Comme un p'tit coquelicot*), Aznavour (*Parce que*), Irving Berlin, Gershwin et Cole Porter. C'est là qu'il rencontre son futur arrangeur, Alain Goraguer. Il ne claque pas des doigts quand un client lui offre un pourboire d'un franc pour sa prestation – il répond sobrement : « Monsieur, je ne suis pas un juke-box. » Il a déjà de la distance et méprise la vulgarité. Entre-temps, à la rentrée 1954, il remplace son père comme pianiste et chef d'orchestre dans le cabaret Madame Arthur, réputé pour ses numéros de travestis et situé dans le XVIII$^e$ arrondissement de Paris. C'est un monde, Madame Arthur. On y rencontre vers 22 heures des dames et des messieurs bien mis, sages dîneurs s'encanaillant sobrement. Puis c'est au tour des clients des prostituées de La Chapelle d'investir le lieu vers 4 heures. Un monde où Lucien compose la musique, où Louis Laibe écrit les paroles. Des valses, des mambos, des javas. Entre 1954 et 1956, le duo va signer la plupart des chansons composées à cette époque et même créer une revue sur le thème du cirque. Les chanteurs, comme leurs travestissements, valent le détour. Leur histoire, parfois, aussi. Toinou Coste, un garçon de cent vingts kilos, imite Fréhel. Lucky Sarcell, qui le premier va chanter Ginsburg, est un ancien boy de Mistinguett congédié des Folies Bergère. Maslowa, quant à lui, chante les amours d'un dompteur avec *Zita la Panthère*. Le mot désignant tout à la fois le fauve et, au figuré, une femme violente, le chanteur, travesti en cet animal, ouvre la fermeture Éclair dont est pourvue l'extrémité de sa longue queue, puis en sort une houppette avec laquelle il se poudre... le museau ! C'est bien un monde, Madame Arthur. C'est le zoo des apparences.

Bulletin de salaire de Lucien Ginsburg,
pianiste au Flavio, 1956.

LA DÉBROUILLE

# TU SERAS À LA SACEM, MON FILS

Il a pour pseudonyme Julien Gris ou Grix. Julien pour *Le Rouge et le Noir* de Stendhal ; Gris ou Grix pour Juan Gris, le peintre. En débutant, on n'est pas sûr de soi, on doute de son patronyme, on se dissimule derrière la littérature et la peinture. Lucien, grâce à son père, passe son examen d'entrée à la Sacem en 1954. Sujet imposé : « Notre premier baiser ». Vaste sujet... Mais examen réussi qui va éventuellement lui permettre de toucher des droits d'auteur comme auteur-compositeur ou arrangeur. Six mois plus tard, Lucien dépose six chansons : *Défense d'afficher*, qui sera chantée par Juliette Gréco et Pia Colombo en 1959, *Les Amours perdues*, chantée par la même Gréco, *Les Trois Boléros*, *Fait divers*, *Ça n'vaut pas la peine d'en parler* et *Promenade au bois*, qui ne verra jamais le jour. Au printemps 1955, moment où renaissent toutes choses, il dépose *J'ai goûté à tes lèvres*, *J'ai le corps damné par l'amour* – plutôt une « chanson estivale »... – et *Je broyais du noir*, signe que l'hiver sera froid. Il le sera, effectivement : aucune de ces chansons ne sera jamais interprétée. Lucien les a écrites avec Paul Alt, un acrobate du Moulin Rouge qui exerce son métier sous le nom de Diego Altez, une sorte de patronyme très à la mode à cette époque quand Gloria Lasso, Luis Mariano, le mambo et le cha-cha-cha font des ravages. Il récidive l'été de la même année, et dépose cette fois deux titres. L'un avec Paul Alt, encore, l'autre avec Billy Nencioli. Ce dernier a remporté le prix de l'Académie du disque avec la chanson du film *Porte des Lilas* ; il écrira plus tard pour Dalida ou Enrico Macias. Lucien n'a pas plus de succès avec ces nouvelles chansons. Mais il est auteur-compositeur. Et bientôt interprète. Il va le démontrer.

Partition des *Trois Boléros*.

Double page suivante : Fiche professionnelle de Lucien Ginsburg datée du 25 août 1954.

Sujet d'examen d'entrée de Lucien Ginsburg à la Sacem.

**SOCIÉTÉ DES AUTEURS, COMPOSITEURS ET ÉDITEURS DE MUSIQUE**
10, RUE CHAPTAL - PARIS (9°)

# FICHE PROFESSIONNELLE

NOM : GINSBURG          Prénoms : Lucien

Avez-vous été salarié ? : oui
Jusqu'à quelle date ? Contrats périodiques
Pour quel travail avez-vous perçu des émoluments ? : guitariste-pianiste

Etes-vous de nouveau salarié ? : oui
Pour quel travail percevez-vous des émoluments ? : coloriste pour une firme cinématograph.

Etes-vous affilié à la Sécurité Sociale et bénéficiez-vous des prestations ? oui
Si oui, sous quel numéro : 1 28 04 75 104 011
Quels sont vos titres professionnels, universitaires ou techniques ? Auteur-compositeur

Faites-vous partie également :

De la Société des Auteurs et Compositeurs Dramatiques ? : non
Si oui, en quelle qualité ?

De la Société des Gens de Lettres ? non
Si oui, en quelle qualité ? :

De la Société des Auteurs pour l'Administration du Droit de Reproduction Mécanique ? : non
Si oui, en quelle qualité ? :

Du Syndicat National des Auteurs et Compositeurs de Musique ? : non
Si oui, en quelle qualité ? :

Ou de tout autre organisme professionnel ? (indiquer le ou les organismes) :

Énumérez vos distinctions honorifiques :

Fait à Paris le 25 Août 1954
(1) declaration sincère et véritable
SIGNATURE : Ginsburg

(1) Avant la signature écrire :
" Déclaration sincère et véritable ".

Mod. 758 - 1-49 . IED

# SOCIÉTÉ
## des
## AUTEURS, COMPOSITEURS & ÉDITEURS DE MUSIQUE

SIÈGE SOCIAL : 10, Rue Chaptal, PARIS

COMMISSION DES EXAMENS

Candidat M\* Ginsburg Lucien

en qualité d' auteur

## SUJET IMPOSÉ

Notre premier baiser

ch.

2 C 1 R

Il est rappelé au Candidat que le sujet de l'examen est la propriété de la Société et qu'il ne peut en aucun cas être utilisé à titre personnel.

Vu :
LE PRÉSIDENT DU CONSEIL D'ADMINISTRATION,

Ginsburg

# 1954
# 1960

# — GAINSBOURG AUTEUR, COMPOSITEUR ET... INTERPRÈTE

Il y avait Lucien Ginsburg, il y aura désormais Serge Gainsbourg. Serge le chanteur n'a pas tué Lucien, le fils d'immigrés russes, bien au contraire. Le rapport qu'entretient Gainsbourg à la mémoire sera toujours intense. Il y aura toujours une part de Lucien dans les chansons de Serge, un univers se superposant sur l'autre, révélant par transparence les amours et les doutes, les espoirs et les errances. Serge Gainsbourg naît en 1957. Il a peut-être une mère, Michèle Arnaud, et peut-être un père, Boris Vian. « Peut-être », car, même s'ils sont au début modestes, Gainsbourg ne se révèle que par ses propres moyens et jamais ne se fixe, tant son besoin d'échapper aux choses et à autrui, comme de renouveler et de déplacer les signes et les codes, est évident. Au fond, symboliquement, Gainsbourg se sent déjà si singulier qu'il peut se passer de parents. Singulier par ses multiples objectifs, par sa dénonciation permanente du fait accompli. Gainsbourg n'est pas inclassable : il ne participe pas au classement. Il est devant : que personne ne le suive. L'habitude, sûrement, de celui qui revendique sa solitude et ne répond qu'aux ordres qu'il s'intime. « Qu'on ne me confonde pas avec les autres chanteurs », dit-il, et il a bien raison puisque, dès cette époque, ses chansons, qu'il nomme encore ses « machins », se révèlent tout à la fois de leur temps, hors du temps et de tous les temps. Voilà pourquoi, contrairement à ceux qui ne visent qu'un succès immédiat et facile, lui n'a qu'un seul but : écrire des « chansons inchantables ». Autrement dit, détruire la chanson par la chanson, la minorer au point qu'elle s'invente à nouveau. La réalité, bien entendu, est moins absolue. Il y a le cabaret, détour obligé, il y a les concerts, où il souffre, il y a le public qui rejette « l'histrion ». Car, sur les planches, on est toujours un histrion, la farce est trop grossière pour ne pas la jouer et, à la fois, s'en débarrasser au plus vite. Le Gainsbourg de ces années-là n'aime pas la lumière ; il préfère parfois même les ombres du cinéma. Il n'est, comme il le dit à Juliette Gréco, « pas grand-chose ». Simplement, « une espérance ».

**1954 – 1960**
GAINSBOURG AUTEUR, COMPOSITEUR ET... INTERPRÈTE

# AU MILORD L'ARSOUILLE

Ceux qui conspiraient contre Anne d'Autriche se réunissaient là. Danton et Desmoulins s'y rencontraient. On y chanta pour la première fois *La Marseillaise*. On y imprima les premiers numéros de *La Lanterne*. Les Merveilleuses et les Incroyables, à l'enseigne du Caveau des Aveugles, y organisaient leurs orgies. Lord Seymour, *alias* Milord l'Arsouille, en était. Le Milord l'Arsouille, rue de Beaujolais, dans le I$^{er}$ arrondissement de Paris, est un cabaret créé par Jacques Jordan, patron du restaurant Les Assassins. C'est là que Serge Gainsbourg fait ses débuts, au milieu de proclamations révolutionnaires, observé par les portraits de Marat et de Charlotte Corday, Francis Claude jouant le rôle de Monsieur Loyal. En 1955, pourtant, Lucien n'y est que pianiste d'ambiance. Quelquefois, il accompagne certains artistes à la guitare. Puis il y entend Boris Vian. Alors il sait. Il sait qu'un jour, peut-être, il fera « quelque chose dans cet art mineur ». Mais ce n'est pas pour demain. Avant qu'il compose des chansons pour Michèle Arnaud, l'égérie du lieu, elle voudra s'en débarrasser... car l'ampli de sa guitare fonctionne mal. Ironie des circonstances, facilité de l'oubli. C'est pourtant au Milord l'Arsouille que Gainsbourg interprète pour la première fois *Le Poinçonneur des Lilas* et *La Jambe de bois (Friedland)* ; c'est pourtant pour Michèle Arnaud, que l'on surnomme « l'intellectuelle de la chanson », qu'il écrit *Défense d'afficher*, *La Jambe de bois (Friedland), Douze Belles dans la peau* ou *Ronsard 58*. Et c'est Michèle Arnaud, à la voix claire et juste, à la vie privée tumultueuse, qui découvre, par hasard, le peintre Ginsburg et Gainsbourg le chanteur.

Serge Gainsbourg devant une affiche
du Milord l'Arsouille, 1957.

## CHANGER DE NOM

Au début de l'année 1957, Lucien Ginsburg dépose sous le nom de « Serge Gainsbourg » le *Cha-cha-cha intellectuel*. Le nom de l'auteur se porte bien. La chanson est mort-née. Lucien avait déjà changé sa façon d'écrire, omettant les accents et les apostrophes, supprimant la barre du « t » et le point sur le « i », de façon à ne jamais revenir en arrière. À présent, « Ginsburg » se francise en « Gainsbourg ». Allusion à Gainsborough ? Sûrement. Plus simple à prononcer ? Peut-être. Puisque ses professeurs écorchaient systématiquement son nom, les journalistes, qui ne sont pas plus doués, n'auront plus de circonstances atténuantes. Lucien dans l'ombre se retire ; Serge surgit en pleine lumière. « Lucien », pense Serge, on dirait un prénom de coiffeur. « Serge », pense Lucien, ça sonne russe. Certes, mais pourquoi « Serge » ? En souvenir de Serge Pludermacher, le directeur de Champsfleur ? Pas sûr. « Serge Gainsbourg », au fond, est moins un nom de scène, comme le néo-américain « Johnny Hallyday » l'est pour le belge Jean-Philippe Smet, qu'une représentation à la fois décalée et sublimée de soi. « Serge » confirme et renforce les origines, quand « Gainsbourg » transforme légèrement l'identité sans pour autant la nier. « Serge » est un prénom international (Sergueï, certes, mais aussi Sergio, etc.) ; « Gainsbourg » demeure un nom juif, mais signifie que l'homme ne se réduit pas à son identité et la dépasse constamment. « Serge Gainsbourg » est une réflexion de « Lucien Ginsburg », un peu déformée mais intacte ; tout en affirmant sa singularité, il marque ainsi sa distance (avec le public, qui ne saura pas son vrai nom), noue et dénoue d'un même geste les problèmes liés au nom. Puisque l'identité n'a plus rien de prépondérant, seuls comptent les actes de l'homme « surnommé ». C'est un écart, une échappée, une ouverture en soi, pour soi, mais aussi vers autrui.

Serge Gainsbourg au Théâtre de l'Étoile, septembre 1959.

Fiche de paie de « Serge » Ginsburg, pianiste au Flavio, 20 avril 1957.

## 1958, ÇA DÉMARRE !

Pour Serge Gainsbourg, c'était « trop tôt » et « trop noir ». *Du chant à la une !...*, jeu de mots enrhumé sur une pochette rouge couverte de faits divers, sort pourtant en septembre 1958, avec un texte de Marcel Aymé au verso. « Ses chansons [...] ont un accent de mélancolie, d'amertume, et souvent la dureté d'un constat », dit l'auteur de *La Jument verte*. L'interprète du *Poinçonneur des Lilas* a signé chez Philips, grâce à Denis Bourgeois qui lui propose de travailler avec le chef d'orchestre et arrangeur Alain Goraguer, également collaborateur de Brel et de Ferrat. La tonalité générale de l'album n'est pas noire, mais à l'image du mouvement de la vie : anodin ou lugubre, désespéré ou grotesque. Retenue sans être discrète, la musique épouse le contenu, souligne parfois si bien les textes qu'elle leur donne du sens. Visions souvent convergentes, jamais redondantes. Pas de catastrophisme pourtant. Des faits, rien que des faits. L'amour ? Un peu de néant recouvert de chair. *Ronsard 58* rappelle autant le poète de la Pléiade, son *Ode à Cassandre* et ses *Sonnets pour Hélène* que *Si tu t'imagines* (chanté par Gréco) de Raymond Queneau : « Si tu t'imagines/

*Du chant à la une !...*, premier album de Serge Gainsbourg, 33-tours, 1958, Philips.

Partition manuscrite de *Ce mortel ennui*.

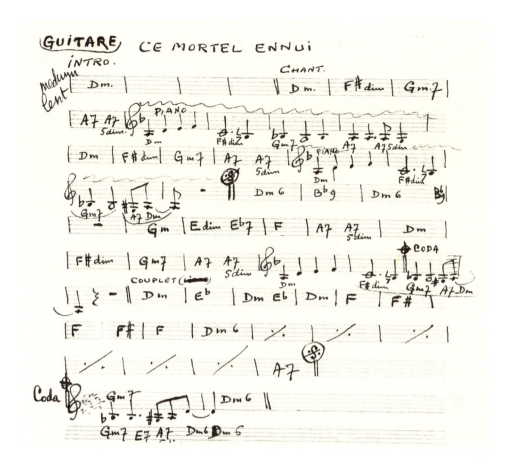

Si tu t'imagines/ Fillette fillette/ Si tu t'imagines/ Xa va xa va xa/ Va durer toujours/ La saison des za/ La saison des za/ Saison des amours/ Ce que tu te goures/ Fillette fillette. » *Douze Belles dans la peau*, et sa musique « de saloon », explore l'inanité du donjuanisme et se clôt sur cette équivoque : « Tu tomberas un jour sur un gars/ Un gars qui t'enverra/ Du plomb dans la cervelle/ Et il t'poussera des ailes. » Un tueur ? Certes non. Plutôt un autre homme qui fera connaître au séducteur, « derrière les barreaux de [son] lit », la volupté. *La Femme des uns sous le corps des autres* est une charge contre le libertinage, quand *La Recette de l'amour fou* est une pochade sur les relations ambiguës, voire fausses, qu'entretiennent les couples. *Ce mortel ennui*, évocation d'un amour de Gainsbourg, joue sur des rimes disposées de façon erratique (pour tuer l'ennui...) et sur des arrangements presque légers (pour l'oublier...). Mais ce n'est pas l'amour (les « transports », comme dit le chanteur) qui est ennuyeux, c'est la relation qui est factice (en somme prostituée, comme dans *L'Alcool*). Au contraire de la mort, sur un air de trompette (*Du jazz dans le ravin*), ou du labeur (*Charleston des déménageurs de pianos*), allusion au piano qu'il fit monter en pièces détachées rue Lesage. Dès ce premier album, l'œuvre de Gainsbourg est liée à son quotidien et à ses souvenirs.

**1954 – 1960**
GAINSBOURG AUTEUR, COMPOSITEUR ET... INTERPRÈTE

# *LE POINÇONNEUR DES LILAS*

La plus célèbre de ses chansons, encore aujourd'hui, malgré la disparition des poinçonneurs, mais aussi « la plus facile », selon Gainsbourg. Un collage surréaliste : l'alliance d'un poinçon et de lilas. Sans ciel gris ou bleu, sans nuages, sans soleil. Sous un « ciel de faïence », où « brill[ent] les correspondances ». Gainsbourg avait demandé un jour à un poinçonneur à quoi il rêvait. Au ciel, avait-il répondu. Au ciel de Miami, bleu retouché, dont parlent les articles du *Reader's Digest*. Au scintillement du soleil sur la mer. Foutaises. Divagations. Il n'y a que la cave, le cloaque. Le trou, c'est le métro. Le trou blesse le billet, qu'il soit de seconde ou de première. Le trou a son alter ego, le confetti. Le trou tue, quand la morne répétition du claquement sec du poinçon rend progressivement fou, quand le poinçonneur se transforme lui-même en billet. Un dernier trou ? Non, il y en a un autre, plus grand, aux dimensions du poinçonneur, le dernier. Requiem pour un con ? Même pas. L'espoir est un ensemble vide, et il n'y a pas de ciel, ni ici-bas, ni là-haut. Il n'y a rien qu'un trou : vacuité du quotidien, néant de toute existence assujettie à un « métier absurde ». Critique de l'exploitation, de l'aliénation ? Pas seulement. Gainsbourg n'a que mépris pour ceux qui exercent ces tâches mécaniques. Avant de devenir une marche militaire en Israël, *Le Poinçonneur* figure dans le premier 33-tours de Gainsbourg, *Du chant à la une !...* Premier à la reprendre, en mai 1958, Hugues Aufray, qui a sorti deux disques sous le nom de « Bob Aubert et son typic brésilien ». Il chante à la Polka des Mandibules, une boîte qu'il a créée (sa version sort en mars 1959). En juin 1958, c'est au tour des Frères Jacques de l'enregistrer et de chanter sur scène ce qu'ils nomment « le premier concerto gainsbourgeois », avant que Jean-Claude Pascal et, en 1978, Starshooter s'y essayent.

Ticket de métro poinçonné, appartenant à Serge Gainsbourg.

*Les Bonnes Soirées*, 1958.

**1954 – 1960**
GAINSBOURG AUTEUR, COMPOSITEUR ET... INTERPRÈTE

# LES TROIS BAUDETS

En 1958, Serge Gainsbourg passe aux Trois Baudets. Avec Guy Béart, Raymond Devos, Simone Langlois, entre autres. Boris Vian écrit les textes de présentation. Gainsbourg, cheveu ras, col roulé, est affublé d'un prince-de-galles (qui voisine avec les pied-de-poule dans L'Alcool) et chaussé de souliers en daim. Libération (celui de d'Astier de La Vigerie) le surnomme à l'époque le « Mirbeau de la chanson », sûrement en référence au Calvaire ou au Jardin des supplices de l'écrivain... En 1959, il passe à l'Olympia, reçoit le grand prix du disque de l'académie Charles-Cros (remis par Juliette Gréco) et repasse aux Trois Baudets. Le prince-de-galles troqué pour un costume bleu étroit, le cheveu ras pour le cheveu en brosse. Puis il part en tournée. À Genève, en Italie et dans toute la France. « Opus 109 », tel est le nom de code de la troupe menée par Jacques Brel et cornaquée par Jacques Canetti, directeur artistique de Philips, que Gainsbourg appelle « le négrier ». Ses prestations scéniques, accompagnées au piano par Jacques Lasry, ancien du Milord l'Arsouille, sont catastrophiques. Il est timide, distant, presque glacial. Les mains, les genoux tremblent. Il se noie dans la lumière du projecteur. Ce qui fait écrire à Ouest France : « Il a l'air absent de la scène. » Peut-être est-il absent, mais le public ne l'oublie pas et lui rend... la monnaie de sa pièce : une pluie métallique s'abat sur la scène. Lui qui ne voulait pas être un juke-box... Après six mille kilomètres de bides, Gainsbourg regagne Paris. Dès la rentrée suivante, pourtant, il est à l'Alcazar de Marseille où il se produit avec Simone Langlois ou le chansonnier Pierre-Jean Vaillard. Encore un bide. En revanche, en octobre, au Théâtre de l'Étoile où il assure la première partie de Colette Renard, la critique se fait élogieuse. Paul Carrère, dans Le Figaro, aime sa « silhouette », ses « gestes cassés ». Trois cents concerts dans l'année. Il est temps d'arrêter...

Serge Gainsbourg dans Opus 109, aux Trois Baudets, novembre 1958.

Télégramme d'encouragement de Michèle Arnaud, adressé à Serge Gainsbourg à l'occasion de son passage au Théâtre de l'Étoile en 1958.

Les quatre lauréats des grands prix du disque de l'académie Charles-Cros : Jacques Dufilho, Denise Benoit, Serge Gainsbourg et Marcel Amont, 1959.

**1954 – 1960**
GAINSBOURG AUTEUR, COMPOSITEUR ET... INTERPRÈTE

# DEUXIÈME ALBUM :
# UNE GRENADE

Bien qu'il ne soit pas dans les intentions de Serge Gainsbourg de choisir un pseudonyme en « o » en pleine vague sud-américaine, les rythmes cha-cha-cha et mambo (*Mambo miam miam, L'Anthracite, La Nuit d'octobre*) sont récurrents dans ce deuxième album, sorti en juillet 1959. *Indifférente* est, cependant, rythmé par le jazz, tandis qu'*Adieu, créature!* est un slow quelque peu langoureux. La vacuité des relations et des postures amoureuses (autant sociales que sexuelles) forme encore le thème principal de ce disque. *Indifférente* est programmatique. Assez misogyne, j'm'en-foutiste et àquoiboniste. L'amour et/ou la femme aimée ? Face à l'inanité de sa présence, « mieux vaut [son] absence ». Inconséquente, impertinente, incohérente, en un mot indifférente. *Adieu, créature!* est, pour sa part, gentiment (mais fermement) ironique, l'amour un no man's land où défilent des qui (visages ?) et des quoi (sexes ?) de diverses sortes dans une nature pas très naturelle. Donc forcée. Mais, chante Gainsbourg, « on se reverra » ; au fond, peu importe. *La Nuit d'octobre*, fragment du poème d'Alfred de Musset, met moins l'accent sur la trahison que représente l'adultère que sur la trahison générale qu'est l'amour. *Jeunes femmes et vieux messieurs* et *L'Amour à la papa* abordent le thème avec plus de légèreté. La première en parlant avec humour des gigolettes et de leurs gérontes ; la seconde de l'amour physique qui, s'il n'est pas encore sans issue, l'est en tout cas « à la papa ». Si la voix y est parfois emphatique, *L'Anthracite* résume bien le propos de son auteur : cette variété de charbon est connue, en effet, pour donner peu de cendres en se consumant. Comme l'amour. Reste alors à cultiver l'ennui. Mais *Le Claqueur de doigts*, devant son juke-box, qui ne sait effectivement « que faire de [ses] dix doigts », n'a d'autre choix que la violence : « claque » (dans une partie de ses acceptions), « machine » (pour « juke-box »), et « mitraille » (pour « monnaie ») l'attestent. Ne reste plus qu'à se bouffer (socialement) les uns les autres, comme dans *Mambo miam miam*. Alternative à l'amour ?

Serge Gainsbourg devant un juke-box, années 1960.

## 1954 – 1960
### GAINSBOURG AUTEUR, COMPOSITEUR ET... INTERPRÈTE

# L'EAU À LA BOUCHE

En 1960, *L'Eau à la bouche* est le premier grand succès de Serge Gainsbourg. Il en vendra 100 000 exemplaires (avec, en face B, *Judith*, qui est encore un instrumental). La même année, la chanson devient même le générique de la nouvelle émission télévisée que Marcel L'Herbier consacre au cinéma. Quelques mois auparavant est sorti le film éponyme de Jacques Doniol-Valcroze, acteur occasionnel pour des metteurs en scène aussi divers que Pierre Kast, Alain Robbe-Grillet ou Claude Lelouch. Le cinéaste, qui poursuivra sa carrière à la télévision dans les années 1970, est d'abord critique (cofondateur des *Cahiers du cinéma*) avant de passer de l'autre côté de la caméra. Il réalise des courts-métrages qui annoncent l'élégance tout autant que l'esprit caustique dont fait preuve *L'Eau à la bouche*. C'est un marivaudage, un chassé-croisé amoureux sur fond d'héritage, avec Bernadette Lafont, Alexandra Stewart, Françoise Brion et Michel Galabru. Pour le film, Gainsbourg ne compose que la musique ; il ajoutera les paroles ensuite et créera la chanson au College Inn. L'introduction, composée uniquement de percussions, préfigure l'album *Gainsbourg Percussions*. Cependant, la ligne musicale demeure sobre ; seules des trompettes viennent rythmer un texte subtil qui sait évoquer le désir masculin avec délicatesse et la femme avec respect et tendresse. « Cette nuit près de moi tu viendras t'étendre/ Oui, je serai calme, je saurai t'attendre/ Et pour que tu ne t'effarouches/ Vois, je ne prends que ta bouche. » Gainsbourg, qui apprécie le sonnet en tant que forme, se plaît, comme Cendrars, à le dénaturer, adoptant pour ses quatrains l'alexandrin, pour ses tercets l'octosyllabe, préférant, dans tout le texte, les rimes plates et vocaliques aux systèmes plus élaborés du sonnet régulier (abba, abba, ccdeed ou ccdede), ajoutant enfin deux quatrains supplémentaires qui viennent conclure cette chanson sur le désir.

Affiche du film *L'Eau à la bouche*,
de Jacques Doniol-Valcroze, 1959,
avec Bernadette Lafont, Françoise Brion,
Alexandra Stewart et Michel Galabru.

# 1961
# 1965

Serge Gainsbourg chez lui, février 1963.

# — PUIS IL IRA CHEZ LES YÉ-YÉ...

En ce début des années 1960, c'est le temps des yé-yé, de *Salut les copains*, des idoles et des fans. La jeunesse sous de Gaulle twiste sur des *be bop a lu la* nationalisés qui imitent l'Amérique dans un foisonnement de clichés. On voudrait trouver un marteau, et travailler pour se payer la plus belle fille du quartier – le coup du charme, on connaît. Quand l'école est finie, on voudrait marcher tout droit, mais les trains sifflent, et il y a du twist à Saint-Tropez. Si ton père n'est pas ton père et que ton père ne le sait pas, retiens, si possible, la nuit. Il y a la guerre d'Algérie, qui n'en finit pas de finir, et qu'on oublie en singeant des mélodies d'outre-Atlantique. Serge Gainsbourg, chanteur à succès d'estime, est *a priori* exclu de ce monde où le marbre n'est que stuc et l'or, paillettes de strass. Les vedettes de la chanson ? De vulgaires « saltimbanques » qui ont remplacé au pied levé les icônes cyclistes de son enfance. Les yé-yé ? Que font-ils d'autre sinon mouiller de leurs fausses larmes le giron des midinettes ? Gainsbourg, il les envoie au diable, les midinettes. Et il n'aime toujours pas la chanson. Ni les chanteurs. Il poursuit cependant ses expérimentations : à nouvelles influences, nouvelles musiques, nouveaux rythmes, nouvelles intensités. Entre *L'Étonnant Serge Gainsbourg* et *Gainsbourg Percussions*, il n'y a pas que *La Javanaise*, mais aussi une irréductible capacité d'invention, même si le créateur se mue en « vampire » et va emprunter (voire dérober) chez d'autres les matériaux nécessaires à ses agencements particuliers. « Vampire », Gainsbourg l'est, car il sait que l'art est inactuel et qu'il n'y a rien de mieux pour le rajeunir que de recycler bribes et thèmes en les associant efficacement à sa propre structure, toujours en mouvement. Activité de traducteur, non parce qu'il faut *faire passer* quelque chose, mais parce que le rapport à l'œuvre est souvent un rapport à autrui, à l'étranger.

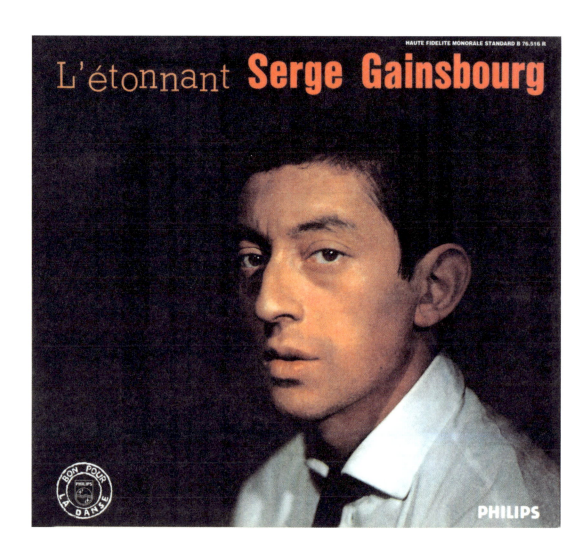

# L'ÉTONNANT SERGE GAINSBOURG

En mai 1960, après le succès de *L'Eau à la bouche*, sort le 45-tours *Romantique 60*, qui comprend l'amusant *Cha-cha-cha du loup*, version modifiée du *Petit Chaperon rouge*, dont la musique est tirée du film *Les Loups dans la bergerie* d'Hervé Bromberger ; *Sois belle et tais-toi* (titre d'un film de Marc Allégret en 1958), voici ce que les hommes disent aux femmes tandis que « le ramier roucoule/ le moineau pépie » ; *Judith*, tiré de *L'Eau à la bouche*, mais cette fois avec des paroles, et le fébrile *Laissez-moi tranquille*. L'année suivante, poursuivant sa fructueuse collaboration avec Alain Goraguer, le chanteur offre un visage inquiet sur la pochette de *L'étonnant Serge Gainsbourg*. L'album est composite, mais fait la part belle aux poètes. *La Chanson de Prévert*, qui sera interprétée par la suite par Mouloudji, Isabelle Aubret ou Gloria Lasso, fait référence aux *Feuilles mortes* du même Prévert ; *La Chanson de Maglia* est un poème de Victor Hugo tandis que *Le Sonnet d'Arvers*, aux arrangements presque yé-yé (ce qui déplaira à la critique), est tiré de *Mes heures perdues* (1833), le plus célèbre des recueils du poète, dédié à Marie Nodier et qui débute par ces vers : « Mon âme a son secret, ma vie a son mystère », Gainsbourg s'amusant à interpoler les mots « âme » et « vie ». *Le Rock de Nerval* possède également une tonalité yé-yé. Nerval ? Et pourquoi donc ? Peut-être parce que « Nerval [appréciait] les mots hasardés et les liaisons : J'ai z'un coquin de frère... », dit le poète Pierre Lartigue, dans *Rrose Sélavy et cætera* : « [Nerval] aime la chanson parce qu'elle fléchit les règles de la prosodie. Elle assouplit l'expression et le renvoie au souvenir de son enfance dans le Valois. » *Les Amours perdues* et *Personne* (malgré ceci : « Jamais je ne me suis aussi bien entendu qu'avec personne », qui renvoie à la « solitude » déclarée de Gainsbourg) épousent quelque peu les codes musicaux de l'époque ; *Les femmes, c'est du chinois*, avec un arrangement adéquat, décline quelques chinoiseries, tandis que *Viva Villa*, qui traduit le goût de Gainsbourg pour la paronomase, est une curieuse pochade qui n'a surtout rien de révolutionnaire. *En relisant ta lettre* révèle en revanche un humour caustique et un intérêt croissant pour les jeux de mots, ici homophoniques : « Moi j'te signale/ Que "Gardénal"/ Ne prend pas d'"e"/ Mais n'en prend qu'un/ "Cachet" au moins/ N'en prend pas deux. » C'est aussi la première chanson mi-parlée mi-chantée, annonce de sa prédilection, plus tard, pour le *talk-over*.

*L'Étonnant Serge Gainsbourg*,
33-tours, 1961, Philips.

**1961 – 1965**
PUIS IL IRA CHEZ LES YÉ-YÉ…

## *N° 4*

*N° 4*, sorti en avril 1962, est un titre neutre. Continuité, alors ? Oui. Les arrangements ? Goraguer, encore. Des rythmes jazz : *Requiem pour un twisteur*, *Black Trombone* (où l'on reconnaît la passion que porte Gainsbourg à Gerry Mulligan) et *Intoxicated Man*. Des rythmes sud-américains, surtout samba : *Baudelaire*, *Les Cigarillos* et *Ce grand méchant vous*, première comptine (*Promenons-nous dans les bois*, avant *Black and White*) revisitée par Gainsbourg (les paroles sont cependant de Francis Claude). Le poète, cette fois, c'est Baudelaire ; le poème, *Le Serpent qui danse*, tiré des *Fleurs du mal*. Le parlé-chanté s'impose un peu plus : en témoignent *Requiem pour un twisteur* et *Quand tu t'y mets*. Et toujours le goût de la métaphore : l'amour est comparé aux goémons dans la chanson qui porte ce titre, dont la gravité s'accommode d'une légère emphase. *Intoxicated Man* (le premier vers reprend le titre de la célèbre chanson de Vian *Je bois*) est, de loin, la plus réussie. Mick Harvey, le guitariste de Nick Cave, ne s'y trompera pas quand il la reprendra dans les années 1980. Le texte résume, par la répétition de mots («rose, plafond, plastron, smoking, living-room, etc.»), les effets de l'ébriété sur un homme et la réaction qu'elle suscite chez la femme. Ces mots s'entremêlent, deviennent des objets qu'ils échangent constamment. Texte circulaire, auquel ils ne peuvent échapper, piégés qu'ils sont par le vocabulaire, et d'où ne s'extirpe que le son grave de « room », rejeté du vers précédent.

Annonce publicitaire pour les dîners dansants du Port du Salut, mai 1962.

*N° 4*, 33-tours, 1962, Philips.

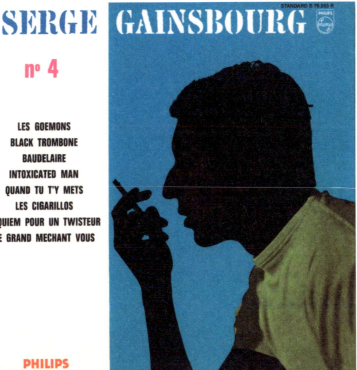

Texte qui révèle une absence de vision commune : ce qu'il voit, elle ne le voit pas. Elle ne voit que surface ; il la voit avec des mots hallucinés. En 1963, sort le 45-tours *Vilaine fille, mauvais garçon*, enregistré à Londres avec l'orchestre de Harry Robinson, donc sans Goraguer. Créée à l'origine pour Petula Clark, cette chanson sonne yé-yé, mais c'est surtout la première fois que Gainsbourg utilise des chœurs, qui feront leur entrée en force dans *Gainsbourg Percussions*. *L'Appareil à sous*, créé par Brigitte Bardot, comme le juke-box du *Claqueur de doigts*, montre à l'envi combien les objets familiers suscitent l'intérêt du chanteur (on le verra aussi dans *Chez les yé-yé*). *Un violon, un jambon* est distrayant, sans plus de prétention. La *Javanaise*, quant à elle, aura le retentissement que l'on connaît...

**1961 – 1965**
PUIS IL IRA CHEZ LES YÉ-YÉ…

# *LA JAVANAISE*

C'est Michel Cogoni qui l'a interprétée le premier, à la radio, alors qu'il s'entretenait avec Serge Gainsbourg (ils avaient souhaité inverser les rôles), mais *La Javanaise* reste liée à celle qui l'a enregistrée, Juliette Gréco. *La Javanaise* est une dérive et une dilution brutale, presque instantanée, de l'amour. De prime abord, pourtant, elle a l'air anodine, quand bien même elle n'invite ni à danser la java ni à la faire (l'origine du mot remonte à l'époque où les truands d'envergure allaient sabler le champagne à la Java, célèbre bal musette du faubourg du Temple). Elle est, en fait, d'une grande violence. S'il y a accomplissement d'un amour, même éphémère (« Nous nous aimions/ Le temps d'une chanson »), il y a aussi sa déroute (déroute de la vie : « J'en ai bavé pas vous/ Mon amour »), et le suicide, simplement suggéré, demeure comme en suspension dans l'espace et le temps (« Mais c'est vous qui l'avez voulu/ Mon amour »). Les langues malayo-polynésiennes, auxquelles appartient le javanais, sont réputées imprononçables et incompréhensibles. Comme l'amour. Le javanais, si ce n'est pas un habitant de Java, c'est, sans majuscule, l'argot des prostituées ou des truands. Gainsbourg ne suggère le javanais que par des allitérations en « v », présentes dans l'ensemble des vers excepté lorsque le mot « amour » ou le verbe « aimer » apparaissent. « Hélas » est aussi une exception digne d'intérêt, l'interjection étant située au milieu de la chanson, entre l'avant (l'amour) et l'après (la rupture), dans ce no man's land temporel où le soupçon ne s'est pas encore tout à fait transformé en certitude. L'argot javanais viendrait de « j'ai » et surtout de « j'avais » (mal attesté en 1857). J'avais cette fille, je ne l'ai plus. Plus qu'à me tuer…

Manuscrit de *La Javanaise*
(version alternative écrite en 1983).

Serge Gainsbourg et Juliette Gréco.

# PAS SI *CONFIDENTIEL*

*Confidentiel* sort en janvier 1964. Confidentiel, car la voix de Gainsbourg est mesurée, parfois presque douce. Confidentiel, car les arrangements musicaux (Elek Bacsik est à la guitare électrique, Michel Gaudry à la basse) sont simples, discrets et élégants. Confidentiel, mais ouvert sur le monde. Gainsbourg est à l'affût de la moindre actualité, du moindre objet emblématique, de la moindre mode. Actualité du cinéma, puisque *Sait-on jamais où va une femme quand elle vous quitte* s'inspire du film *Landru* (1962), de Claude Chabrol, avec Charles Denner (le vrai Landru dit au cours de son procès à propos d'une de ses victimes : « Elle est partie un beau matin. Elle est partie, monsieur le président. Allez donc savoir ce qui se passe dans la tête d'une jeune fille »). Actualité du cinéma encore puisque *Chez les yé-yé* met en scène la *Lolita* de Nabokov (dont Gainsbourg aurait aimé chanter le poème final dans *N°4*, mais n'y a pas été autorisé : « Dans l'herbe d'un fossé je mourrai, Lolita/ Et tout le reste est littérature ») comme celle de Kubrick, dont le film est sorti en 1963 avec

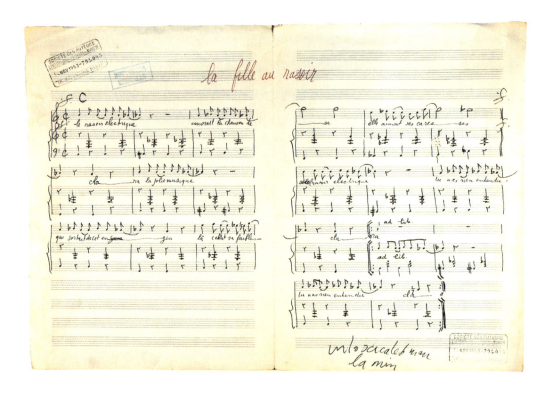

Partitions de *La Fille au rasoir*.

*Confidentiel*, 33-tours, 1964, Philips.

Sue Lyon et James Mason. Actualité de la guerre, les Américains se servant de balles dum-dum au Vietnam (avec un jeu de mots sur «bal» et «balle», «dum-dum» devenant «doom doom» – *Chez les yé-yé*). Actualité de la variété avec *Da doo ron ron*, une chanson des Crystals en vogue à cette époque (*Chez les yé-yé*). Objets ou boissons emblématiques ou à la mode comme le talkie-walkie (*Le Talkie-Walkie*), la Remington portative (*Elaeudanla Téïtéïa*), le yoyo (*Le Temps des yoyos*), un appareil photo Rolleiflex (*Negative Blues*), un joint de marijuana, du bourbon (*No No Thank's No*), des cocktails au Gordon et au Pimm's, une Jaguar (*Maxim's*) ou des montagnes russes (*Scenic Railway* – ce dernier mot, emprunté à l'anglais en 1904, désormais vieilli). Des jeux de mots, mais pas trop: *scenic* pour «cynique», *scenic railway* un peu goguenard pour «sexe» (*Scenic Railway* – «scenic rélouais», disait Queneau). Et une présence accrue de l'anglais mêlé au français, dans les titres comme dans les textes (*Maxim's, Negative Blues, No No Thank's No*, etc.), qui annonce *Initials B.B.*

**1961 – 1965**
PUIS IL IRA CHEZ LES YÉ-YÉ…

# PERCUSSIONS

Bien sûr, le jazz est toujours là. Il y a *Machins choses* qui fait de l'amour et des amants des objets ; il y a *Quand mon 6.35 me fait les yeux doux*, qui suggère qu'un flingue, c'est un sexe, que «pan pan!» c'est une bonne baise, et que «buter», c'est peut-être «culbuter». Bien sûr, la samba est toujours là avec *Les Sambassadeurs*, joli mot-valise à glisser dans ses bagages. Bien sûr, il y a le subtil *Ces petits riens*. La nouveauté, ce sont les percussions, au nombre de cinq, que complètent une guitare rythmique et un saxophone. La nouveauté (déjà entrevue avec *Vilaine fille, mauvais garçon*), ce sont les chœurs. La nouveauté, ce sont aussi les rythmes africains, que Gainsbourg découvre en écoutant Babatunde Olatunji, musicien nigérian qui influença la scène jazz new-yorkaise dans les années 1960. On a dit, Guy Béart notamment, que Gainsbourg avait «volé» les mélodies et les arrangements de l'auteur de *Drums of Passion*, pour *Joanna, New York USA* et *Marabout*, comme il a repris un contrepoint de Myriam Makeba pour *Là-bas c'est naturel* (dont le texte, au demeurant, accumule les clichés). Bien des années plus tard, Olatunji fera un procès à Gainsbourg. Pourtant, l'art, de tout temps, a été constitué d'emprunts, de vols, de rapines. Le plagiaire qu'est supposé être Gainsbourg le sait bien : on ne copie jamais, car la *conformité* en matière artistique n'existant pas, on transforme, et on transforme même contre son gré ; on emprunte, afin de prolonger et de stimuler l'art. «Le grand seigneur de l'insolence chuchotée», comme le magazine *Elle* le surnommait alors, s'il fond les rythmes et les matériaux d'Olatunji dans les siens propres, le fait peut-être avec désinvolture, mais en conscience. *Pauvre Lola* (où l'on entend le rire de France Gall) ou *Couleur café* («une sanguine», disait-il à Denise Glaser dans un entretien télévisé), même «inspirés», sont à ce titre des réussites. Moins réussies sont ses prestations sur scène. Notamment au Théâtre de l'Est Parisien, avec Barbara et le trio de René Urtreger. Il a le trac. De trois quarts dos. Jambes qui flageolent. Sifflets pour finir. Et chahut.

Partition de *New York USA*.

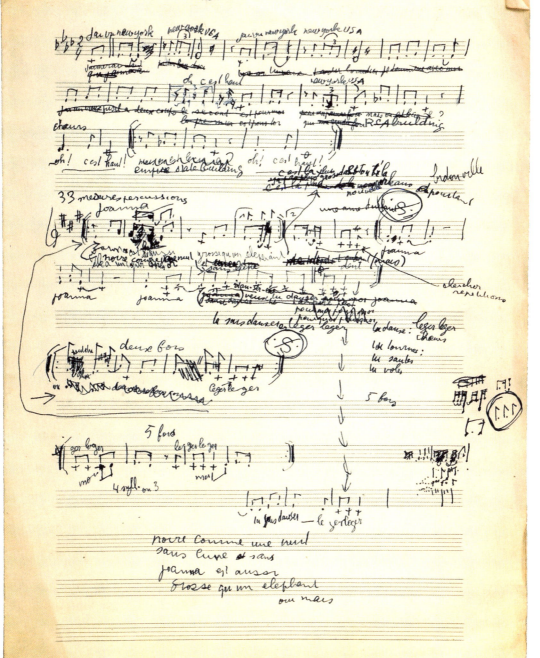

# LES TAM-TAMS DU YÉ-YÉ

France Gall lui a sauvé la vie. Ou plutôt le compte en banque. Dès 1963, Gainsbourg écrit pour les yé-yé, cette mode qui n'est rien d'autre, selon lui, que du « Tino Rossi avec des guitares électriques ». Petula Clark d'abord, avec *Vilaine fille, mauvais garçon* (1963) et *Ô ô sheriff* (1964), France Gall ensuite, avec *N'écoute pas les idoles* et *Laisse tomber les filles* (1964). Des centaines de milliers d'exemplaires vendus. C'est un bon début. Le « vieux » Gainsbourg passe dans une émission pour « jeunes ». Il chante chez les yé-yé. C'est un succès. Mais l'apothéose, c'est le concours de l'Eurovision du 20 mars 1965. France Gall n'est autre que la fille du parolier de *La Mamma* d'Aznavour, et a sorti en 1963, à 16 ans, *Ne sois pas si bête*. Gainsbourg, qui ne sera jamais vraiment tendre avec elle, voit là un filon à exploiter. À 17 ans, la jeune France représente à Naples... le Luxembourg, à ce concours européen de la chanson qui possédait encore quelque crédibilité auprès du public et des maisons de disques. *Poupée de cire, poupée de son*, charmante bluette qui, sans avoir l'air d'y toucher (il y est tout de même question d'une poupée... gonflable), annonce *Les Sucettes*, est plébiscité, malgré la voix haut perchée et forcée de la jeune femme et l'Autrichien Udo Jürgens, à l'époque roi du Schlager (la variété germanophone). Claude François, alors petit ami de France Gall, lui dira (ce qui est un comble) : « Tu as chanté faux ! » Mais l'oseille, car il faut toujours un vocable argotique pour désigner ce que l'on gagne par nécessité, est là. La chanson fait le tour de la France, et le tour de l'Europe. Gainsbourg a vu Naples et a ressuscité ! Alors il enchaîne avec France Gall : *Attends ou va-t'en* (1965), *Baby Bop* (1966), qui devient aussitôt une marque de produits de beauté (et préfigure le *Baby Gum* de *La Cristallisation*), *Les Sucettes* (toujours en 1966), de loin la meilleure, raison pour laquelle il la reprendra, et le pas si anodin *Bébé requin* (1967). Le yé-yé, c'est sirupeux : « Qu'ils aillent donc s'acheter des wagons de sucettes », raillait Gainsbourg, au début de 1965, dans l'émission de Denise Glaser. *Les Sucettes*, interprété par une mineure, parle de fellation. Et *Bébé requin* veut « te dévorer ». Gainsbourg a encore des ambitions. Il faut certes choquer à une époque où la majorité n'est qu'à 21 ans, même si la mineure en question n'a pas compris ce qui sous-tend les textes. « Je veux être célèbre en 1965 », proclame Gainsbourg. Il devra attendre.

Photographie regroupant de nombreuses vedettes yé-yé prise pour le magazine *Salut les copains*, 1966.

Partition manuscrite de *Poupée de cire, poupée de son*.

France Gall au Grand Prix de l'Eurovision, à Naples, 20 mars 1965.

**1961 – 1965**
PUIS IL IRA CHEZ LES YÉ-YÉ…

# UN DERNIER MARIAGE

On s'intéresse au mariage quand il s'appelle divorce. Commençons donc par la fin. Françoise Antoinette Pancrazzi, dite Béatrice, divorce d'avec Lucien dit Serge, Ginsburg dit Gainsbourg, à l'automne 1966. Après, paraît-il, le jet d'un pot de confiture (anodin) et d'un bracelet en diamants (*idem!*) par la fenêtre. Les fenêtres ont bon dos. Ou pas de dos du tout, ce qui leur permet d'être les servantes du néant. Ou commençons par le début. Elle l'aime. Il l'aime. Ils vivent à la colle, comme on disait. On dit de Béatrice, la fille d'un industriel, qu'elle est jolie, qu'elle a déjà divorcé (on l'appelle, paraît-il, « princesse Galitzine »), qu'elle rompt avec son milieu pour Serge. Ce peut être vrai. Ce peut être sentimental et romantique. Oui. Et c'est tant mieux (c'est russe, selon les codes admis). La mairie du XVI$^e$ arrondissement de Paris recueille en tout cas leurs signatures le 7 janvier 1964. Le restaurant russe, malgré la présence d'Olga et de Joseph (sans son piano), obtient une atmosphère glaciale. Car il paraît que la dame est jalouse. On le serait à moins. On se dépayse au Maroc (ce que d'aucuns appellent un « voyage de noces »). On se repayse à Paris, et c'est la catastrophe. Il n'en faut pas moins récuser le terme de « tigresse » dont certains biographes ont affublé Béatrice : les tigresses sont plutôt sympathiques, si tant est qu'elles existent – et excitent. La « tigresse » et son Gainsbourg ont deux enfants : Natacha, née en août 1964, et Vania, *alias* Paul, né au printemps 1968. Puis Béatrice lui a offert un Steinway. Que demande le peuple, ou plutôt Gainsbourg ? La gloire, encore.

Natacha et Paul.

Serge Gainsbourg et Françoise Pancrazzi se marient le 7 janvier 1964, à la mairie du XVI$^e$ arrondissement de Paris.

# 1966
# 1968

Brigitte Bardot et Serge Gainsbourg interprétant
*Bonnie and Clyde* dans le show télé *Spécial Bardot* en 1968.

— DEVENIR
À LA MODE

Qu'est-ce que la mode ? Une émulsion fugitive qui se transforme parfois en mythe. La mode et l'oubli font bon ménage. L'oubli est permanent. La mode change. La mode est un « moment ». Et quand elle « revient », on déterre les morts. Les oubliés de l'Histoire se portent alors comme des charmes ; puis on les enterre à nouveau, et souvent définitivement. Lorsque la mode cesse d'en être une, que son artificialité s'est évaporée, l'engouement fait place à l'analyse, l'affect à la raison, et demeure alors une légende, les Beatles ou les Rolling Stones. Et Serge Gainsbourg. En ce milieu des années 1960, le chanteur fait deux rencontres essentielles. Sa vie, ses textes, sa musique en seront bouleversés. Il y a d'abord Brigitte Bardot, l'héroïne de *Et Dieu créa la femme* de Roger Vadim. La « plus belle fille du monde », selon les gazettes. Une femme dont la beauté est reconnue, publique, publiée. C'est une Marianne : la beauté de la République française. Brigitte aime Serge et Serge aime Brigitte. « La Belle et la Bête. » Car il n'est jamais de bon ton qu'un être réputé disgracieux accapare les charmes d'Aphrodite. C'est un impair, une faute de goût, surtout lorsque Aphrodite est mariée. C'est une faute de goût car, si la déesse sublime le faune, le contraire, selon la *vox populi*, est loin d'être vrai. Au-delà de l'amour, il y a les chansons que Gainsbourg lui écrit, qu'elle chante, qu'ils chantent ensemble. Il y a un album qui porte les initiales de la belle. Il y a Londres ensuite. Gainsbourg y avait déjà enregistré un 45-tours sans que la pop l'influence durablement. Des rythmes africains, le jazz, encore, s'étaient imposés. Mais la pop n'est pas seule à laisser son empreinte sur *Initials B.B.* ; la langue anglaise, plus que jamais, se mêle au français, le parasite, au point que le mélange forme parfois une langue nouvelle, presque étrangère.

# INITIALS

L'amour, c'est un dîner, une main, sous une table, qui serre une autre main, aimée. Bardot et Gainsbourg. Il y a deux albums, l'un pendant, l'autre après l'amour. En 1968, *Bonnie and Clyde*, composé à la fois d'anciennes et de nouvelles chansons, sort avant *Initials B.B.*, le chef-d'œuvre de Gainsbourg, enregistré à Londres par l'orchestre d'Arthur Greenslade. Son assimilation de la pop anglaise, qu'en un sens il réinvente, est excellente, ses arrangements précis, les rythmes variés, et les textes de très haute tenue (*Bloody Jack* étant, peut-être, le maillon faible). Un album pour Bardot, et avec Bardot (*Bonnie and Clyde*). La chanson éponyme est exemplaire. Par ses qualités musicales, avec son thème inspiré de la *Symphonie du Nouveau Monde* de Dvořák, et textuelles, avec ses premiers vers vaguement inspirés par le début du *Corbeau* traduit de Poe par Baudelaire; par ses allers-retours incessants entre fantasme, fiction et réalité, de *L'Amour monstre* de Pauwels que B.B. offrit à Gainsbourg au lieu de leur rupture, Almería, où fut tourné *Shalako* d'Edward Dmytryk; et, surtout, parce que s'y applique déjà la « méthode » Gainsbourg qui atteindra son apogée dans *Aux armes et cætera*, cet extraordinaire talk-over, avec le titre, embrayeur de la chanson, que les chœurs reprennent en refrain. De *Qui est « in » qui est « out »*, à *Marilu* – évocation fantasmée de l'actrice italienne Marilù Tolo, qui a joué dans les *Sept Femmes de Barbe-Bleue* de... Dmytryk –, en passant par *Shu ba du ba loo ba* dont le refrain s'immisce dans les couplets, le dispositif est presque identique, les variations, légères, dynamisant les rythmes et les vitesses de l'album. Le premier couplet de *Black and White* est une fois encore une comptine que Gainsbourg détourne et transforme à son gré, tandis que *Hold-Up* oscille entre douceur apparente et réelle violence (« En petites brûlures/ En petites morsures/ En petites coupures », ce dernier mot ayant à l'évidence plusieurs sens). Quant à *Bonnie and Clyde*, chantée en duo avec Bardot, elle s'inspire bien entendu d'un fait divers américain dont Arthur Penn, en 1967, avait tiré un film avec Faye Dunaway et Warren Beatty. Dans les années 1930, lors de la Grande Dépression, Bonnie Parker et Clyde Barrow semèrent la terreur dans des bourgades du Texas. Gainsbourg et Bardot s'affranchissaient là des conventions sociales, avant de s'attaquer aux conventions sexuelles.

Serge Gainsbourg et Brigitte Bardot
dans les années 1960.

**1966 – 1968**
**DEVENIR À LA MODE**

# B.B.

Gainsbourg, à la fin de 1965, s'est installé pour deux ans à la Cité internationale des arts. Il écoute Brahms par Katchen, Chopin par Cortot, Rachmaninov par Richter. Il écrit et compose quelques-unes des meilleures chansons de Brigitte Bardot. Auparavant, il lui avait donné *L'Appareil à sous* et *Je me donne à qui me plaît*, *La Belle et le Blues*, sur une musique de Claude Bolling, ne voyant le jour qu'en 1993. *Bubble Gum*, qui se trouve également sur l'album *Bonnie and Clyde*, est sorti en 45-tours en 1962, en compagnie d'*Omnibus*. C'est une histoire d'analogie où le « comme », omniprésent, rime avec « homme », « gomme » et « gum ». C'est encore une histoire d'amour, qui ne vaut cette fois guère mieux que du bubble-gum, de la tendresse initiale des sucreries à la perte fatale de toute saveur. *Harley Davidson*, en 1967, obtient un énorme succès (accouplé à *Contact*). Chanson d'une impeccable violence où le corps-machine devient sexe, où les limites sont abolies, où la mort même est cet accomplissement sublime que l'on ne redoute pas. Par ses rythmes nerveux, pulsatifs, parfois presque hachés, par la diction brutale de Bardot (sa façon de prononcer la dernière syllabe de « Davidson », par exemple), cette chanson, qui se perd dans les méandres du sexe et de la mort, renforce l'image sulfureuse de l'actrice tout en valorisant l'icône qu'elle est devenue, dans la vie comme au cinéma. Après la rupture, Gainsbourg comparera Bardot à une locomotive (la fameuse BB...) dans *La vie est une belle tartine*, interprété par Dominique Walter, le fils de Michèle Arnaud. Dans *La plus belle fille du monde n'arrive pas à la cheville d'un cul-de-jatte*, pour le même Walter, il ira plus loin : « La plus belle fille du monde/ Amoureuse ou pas/ Superficielle ou profonde/ N'a que ce qu'elle a/ Qu'elle se mette à quatre pattes/ Ou la tête en bas. »

Brouillons de *Initials B.B.*

mitrals G.G.

la princesse barbare
a revêtu
des bottes de cuir noir
qui laissent nu
le plus haut de ses cuisses
~~qu'elle~~ d'un blanc nacré
les plus belles qu'on puisse
imaginer

une nuit que j'étais
à me morfondre
dans quelque pub anglais
du cœur de Londres
voici que la spirale
de mon cigare
traça deux initiales
dans l'air du soir

# DOCTEUR JEKYLL ET MONSIEUR HYDE

Le cinéma ne pouvait que s'emparer du docteur Jekyll et de Mr Hyde. De John Stuart Robertson avec John Barrymore en 1920 à Rouben Mamoulian avec Fredric March et Miriam Hopkins en 1931, en passant par Victor Fleming, que l'inconscient fascinait, avec Spencer Tracy en 1941. *The Strange Case of Doctor Jekyll and Mr. Hyde* de Robert Louis Stevenson paraît en Angleterre en 1885. Selon l'écrivain écossais, en tout individu coexistent deux êtres, l'un bon, l'autre mauvais. Docteur Jekyll est « bon » (c'est Gainsbourg), Mr Hyde est « mauvais » (ce sera Gainsbarre). Quand Jekyll est un médecin réputé, Hyde (de *to hide* : « se cacher ») est un criminel qui écume les bas-fonds de Londres. Grâce à sa découverte d'une substance chimique, Jekyll a libéré Hyde ; le mal est issu du bien. Ne reste plus à cet être double qu'à se suicider après avoir été « démasqué ». La chanson est, bien entendu, différente. La musique, vive, rapide, aussi séduisante qu'agaçante (mais c'est sûrement voulu) est très pop (peut-être la plus pop d'*Initials B.B.*) ; les percussions impulsent le mouvement quand les claviers ne cessent de vouloir l'emballer. C'est à la fois un récit et un dialogue entre Gainsbourg et les chœurs. Jekyll est malheureux en amour, au contraire de Hyde, « son mauvais génie », qui a tout pour plaire. Là où le premier échoue, l'autre séduit. Le monstre ne se tue pas dans son laboratoire, comme dans la nouvelle de Stevenson, mais Hyde « fait la peau » du docteur. Tout simplement. Le mal triomphe du bien. Provocation ? Oui et non. Là où le mal absolu et le bien dont il est issu disparaissaient ensemble chez Stevenson, la responsabilité du suicide incombant au bien, la créature maléfique est, chez Gainsbourg, supérieure à cet être falot qui, malgré son apparente bonté sociale, l'a lâchée parmi les hommes, car le bien, si tant est qu'il existe, ne peut être qu'englouti par le néant (il n'a pas de devenir autre que de se détruire ou d'être détruit), tandis que le mal est en mouvement et pourra peut-être faire du bien. En séduisant des femmes, par exemple.

*Dr Jekyll and Mr Hyde* de Rouben Mamoulian, avec Fredric March, 1931.

# *TORREY CANYON*

Le 18 mars 1967, le *Torrey Canyon* se brise sur des récifs entre la Cornouaille et les îles Scilly, déversant sur les côtes anglaises, anglo-normandes et bretonnes cent vingt mille tonnes de pétrole, dont trente mille sur la côte de Granit rose, dans les Côtes-du-Nord. La marée noire est gigantesque. Gainsbourg sort la même année un 45-tours (repris dans le 33-tours *Initials B.B.*) portant le nom de ce navire qui, brisé en deux, a été bombardé. Le chanteur entretient des rapports étroits avec l'actualité, mais les bribes d'événements qu'il inclut dans ses chansons sont souvent décontextualisées. La plupart du temps, ce n'est jamais qu'un nom, qu'il choisit pour sa sonorité, pour son rythme, parce qu'il l'estime assez suggestif ou qu'il fera naître, grâce aux mouvements du texte et de la musique, une assonance, une dissonance ou une rime, un jeu de mots ou une polysémie. Le mot renvoyant à une quelconque actualité n'est donc jamais prélevé pour son sens propre, mais parce qu'il sert le processus esthétique (comme dans *Qui est « in » qui est « out »*, où Gemini, le Bus Palladium ou Barbarella ne sont que sons et rythmes). Diamétralement différent est *Torrey Canyon*. Cette chanson est entièrement consacrée aux tribulations du navire, de la sortie des chantiers navals (« japonais ») au remplissage de ses soutes, avec son pétrole bientôt maudit. Rien sur la catastrophe elle-même. Rien sur la marée noire. Les causes, rien que les causes. Le navire loué par l'Union Oil Company, le pavillon de complaisance, les marins italiens (à l'époque, l'Italien est encore un immigré) et le propriétaire du « mazout », British Petroleum. Le texte est précis, sec, méthodique, journalistique. C'est un constat. Les trompettes donnent le tempo, les claviers sont en contrepoint. Le chœur répète « dans le *Torrey Canyon* », comme une fatalité. La tonalité est pop. Gainsbourg ne prend parti qu'une fois en remplaçant (sur la version 33-tours) « de pétrole brut » par « espèce de brute ». C'est presque une redondance.

Le *Torrey Canyon* échoué, 1967.

**1966 – 1968**
**DEVENIR À LA MODE**

# *COMIC STRIP*

Les *comic strips*, bandes dessinées en anglais, ce sont des aventures, de l'amour, de l'action et de l'humour. Tout cela se retrouve dans la chanson, bien sûr, mais il y a davantage : le rôle prépondérant que jouent les onomatopées prélevées dans ces BD. Edward Estlin Cummings, le grand poète américain du xxe siècle, avait découvert dans le magazine *Krazy Cat* que les majuscules avaient le pouvoir de mettre en valeur un mot et de ponctuer. Mais cette mise en valeur graphique, signifiante (signal + sens), implique aussi que les majuscules se détachent, qu'elles organisent « autre chose » en surplomb du texte ; et cet « autre chose », chez Cummings, bouscule le poème en inventant de nouveaux territoires. Dans la chanson de Gainsbourg, les onomatopées sont aussi des signes de ponctuation (que redouble le point d'exclamation), comme elles créent un nouveau territoire qui, sans faire partie intégrante du couplet, n'est pas non plus un refrain. Un territoire hybride, constamment à la frontière entre les deux. Ce que la voix (une choriste anglaise, parfaite, dans la version française ; Brigitte Bardot dans la version anglaise), par ses intonations et le rythme impulsé, renforce : « Des CLIP ! CRAP ! des BANG ! des VLOP ! et des ZIP ! / SHEBAM ! POW ! BLOP ! WIZZ ! » *Comic Strip* (Serge s'est souvenu des lectures du jeune Lucien) est créé avec Mireille Darc le 29 juin 1967 dans l'émission de télévision *Tilt*, puis chanté avec Bardot au cours du *Sacha Show* en novembre. Cette même année sort le 45-tours qui contient la première version de *Torrey Canyon*, le magnifique *Hold-Up* et *Chatterton* (le poète « maudit » anglais qui inspira Vigny), étonnant cortège de suicidés et de fous à lier que Gainsbourg ponctue par un « Quant à moi / Ça ne va pas très bien… » Mais on se souvient surtout du show *Spécial Bardot* en 1968, où l'actrice, coiffée d'une perruque noire, vêtue d'une combinaison rose et d'une petite cape, accompagne Gainsbourg. On retrouvera ensuite des onomatopées dans *Sensuelle et sans suite*, notamment, et Anna Karina, dans *Roller Girl* (tirée du téléfilm *Anna*), entre autres, sera « la Lolita des Comics ». Cependant, *Comic Strip* demeure indépassable de par sa capacité à mettre en valeur les signes de ponctuation que peuvent constituer les onomatopées et à bouleverser ainsi la structure traditionnelle d'une chanson.

Brigitte Bardot interprétant *Comic Strip*
dans le show *Spécial Bardot*, 1968.

### POPULAR MUSTANG OPTIONS

Interior Decor Group includes: courtesy door lights; smart grille design in lower door interior trim panels; roof console with twin map lights and switches on Hardtop and 2+2; simulated wood-grained steering wheel; bright accent on pedals; simulated wood-grained Instrument panel and roof console applique; T-bar shift lever with vinyl grip insert when equipped with Cruise-O-Matic; seat back insert trim buttons; electric clock; padded quarter trim panels (Hardtop only) □ Floating Caliper-Type Power Front Disc Brakes with Power Drum-Type Rear Brakes □ Power Steering □ Power Convertible Top □ AM Radio □ AM/FM Stereo Radio □ Stereo-Sonic Tape System with AM Radio □ Select-Aire Conditioner □ Two-Tone Hood □ Console (available with AM Radio, AM/FM Stereo Radio or Stereo-Sonic Tape System with AM Radio) □ Electric Clock □ Styled Steel Wheels □ Wide-Oval, Bias Ply WSW Tires (with V-8 only) □ Radial Ply WSW Tires □ Wide-Oval, Radial Ply WSW Tires □ White Sidewall Tires □ Vinyl Roof (Hardtop only) □ Accent Paint Stripe □ Full-Width Front Seat □ Comfort-Weave "Breathable" Vinyl Seat Upholstery □ Headrests □ Deluxe Wheel Covers □ Tilt-Away Steering Wheel □ Convenience Group □ Tachometer and Reset Odometer □ Remote-Control Outside Rearview Mirror □ Deluxe Seat Belts □ Rear Shoulder Belts □ Convertible Glass Backlite □ Rear Window Defogger (Hardtop, Fastback) □ Fingertip Speed Control (with V-8 and Cruise-O-Matic only) □ Folding Rear Seat (2+2 only) □ Choice of four V-8's (from 195 hp to 390 hp) □ SelectShift Cruise-O-Matic Drive □ 4-Speed Manual Transmission □ Collapsible Spare Tire □ Heavy-Duty Suspension □ Heavy-Duty Battery □ Tinted Glass □ Limited-Slip Differential □ Performance Rear Axle Ratio □ Extra Cooling Package □ Reflective Group (with GT Equipment Group only) —see page 9 □ Courtesy Light Group.

### "BETTER IDEAS"

Throughout the '68 Mustangs are Ford's *better ideas* that mean more driving pleasure to you now . . . more resale value at trade-in. Better ideas include: double-sided keys and "keyless locking,"

suspended accelerator, brake and clutch pedals, center-fill fueling, 5-ply vinyl-coated convertible top, "floating" rearview mirror, parallel-action windshield wipers, "red line" (above 70 mph) speedometer, in-line muffler system, 2-position front door checks, counterbalanced hood and rear deck lid and many, many more.

### MUSTANG STANDARD EQUIPMENT

**All Models:** Power Team—200-cu. in., 115-hp Six and Synchro-Smooth Drive (fully synchronized 3-speed manual transmission) □ Hood Louvers with Integral Turn Signals □ Choice of 16 Super Diamond Lustre Enamel Colors □ Choice of 8 All-Vinyl Interior Colors □ Individually Adjustable Deep-Foam Bucket Seats □ Color-Keyed 100% Nylon Loop Pile Carpeting □ Courtesy Lighting □ Cigarette Lighter and Ashtray □ Reversible Keys, "Keyless" Locking □ Suspended Accelerator Pedal □ Heater-Defroster □ Curved Side Glass □ Outside Rearview Mirror □ Center Fill Fueling □ Bright Deck Lid and Quarter Panel Extension Moldings □ Rocker Panel Molding □ Anodized Aluminum Scuff Plates □ Floor-Mounted Shift Lever with All Transmissions □ Bright Bumper Guards, Front □ Coat Hooks □ Dual Sun Visors □ Twice-a-Year Maintenance □ Plus the Standard Ford Motor Company Lifeguard Design Safety Features listed in next column.

**Fastback 2+2:** In addition to the equipment that is listed above for all models, the Mustang 2+2 includes—Silent-Flo Ventilation (fresh air with windows up!) with Roof Quarter Panel Air Outlets □ Full-Sweep Tinted Glass Back Window.

**Convertible:** In addition to the equipment that is listed above for all models, the Mustang Convertible includes—Extra Durable 5-Ply Vinyl Top □ Stretch-Taut, Color-Keyed Boot □ Easy-Action Top Fastening Latches □ Clear Vinyl Back Window.

### TRAILER TOWING

For all the information about trailer towing with your '68 Mustang, see your Ford Dealer. He can advise you on the special equipment recommended for towing trailers of all types and sizes. And be sure to ask him for a copy of the 1968 Ford Car and Truck Recreation brochure. It's filled with all kinds of suggestions and helpful information on the subject.

### 1968 FORD MOTOR COMPANY LIFEGUARD DESIGN SAFETY FEATURES

There is no better idea than safety, and Ford cars have been engineered and built with that in mind. Here are some of the many safety features you'll find in every Ford-built car for 1968.

- Dual hydraulic brake system with warning light
- Glare-reduced instrument panel padding, windshield wiper arms, steering wheel hub, horn ring, rearview mirror and windshield pillars
- Energy absorbing steering column and steering wheel
- Energy absorbing arm rests and safety-designed door handles
- Front and rear seat belts with front outboard retractors
- Turn indicators with lane-change signal feature
- Inside day/night, yield-away, windshield-mounted rearview mirror
- Energy absorbing instrument panel with padding
- Padded safety sun visors
- Padded windshield pillars
- Two-speed or variable-speed windshield wipers
- Windshield washers
- Double-thick laminate safety glass windshield
- Double-yoke safety door latches and safety hinges
- Positive door lock buttons
- 4-way emergency flasher
- Backup lights
- Side marker lights or reflectors
- Energy absorbing front seat backs with padding
- Self-locking folding seats
- Shoulder belts for outboard front seat passengers (except convertibles)
- Vehicle structure designed to limit steering column displacement
- Safety-designed coat hooks
- Safety-designed window regulator knobs
- Safety-designed radio control push buttons
- Padding on back of second seat in station wagons
- Outside rearview mirror, driver's side
- Safety rim wheels and load-rated tires
- Corrosion-resistant brake lines
- Uniform transmission shift quadrant

# UNE AUTRE LANGUE ?

Il est assez étonnant que Gainsbourg, pour écrire *Ford Mustang*, ait possédé sur cette voiture un dépliant en anglais, qu'il l'ait annoté, entourant certains mots, en traduisant d'autres, inscrivant en marge des sonorités dans une phonétique très approximative. Le projet, à l'origine, devait sensiblement différer du résultat final. *Ford Mustang* mêle deux langues : l'anglais et le français. Gainsbourg chante le français, une choriste chante l'anglais, à trois exceptions près : le nom du couturier Paco Rabanne est prononcé avec l'accent anglais tout comme « langues » et « aspirine », pourtant écrits en français (le « e » d'« aspirine » est élidé en anglais). Ce qu'obtient Gainsbourg n'est pas une autre langue : il mêle les deux langues sans les confondre – au contraire de *Qui est « in » qui est « out »* où les deux propositions anglaises sont mises en valeur par le chœur lorsqu'elles se trouvent dans des mots français comme « mazout », « écoute » ou « bottines ». Ce n'est pas non plus tout à fait du franglais, car le jargon que ce mot prétend recouvrir n'existe pas. Des mots, depuis le Moyen Âge, passent d'une langue à l'autre, voilà tout. « Tennis » et « toast », par exemple, sont à l'origine des mots provenant du français, que les envahisseurs menés par Guillaume d'Orange avaient sous une autre forme apportés aux Anglais. L'accumulation de noms propres (« Ford Mustang », « cool », « Zippo », « Marilyn », etc.), parfois devenus communs (« Browning », « Coca-Cola », etc.), de noms communs (« badge », dont le sens, ici, n'est attesté qu'en 1966, ou « pick-up », qui vient du verbe anglais signifiant « ramasser », « recueillir », et qui date de 1928) et d'onomatopées (« bang », auquel on peut ajouter la scission de « Mus-Tang », qui prend alors une valeur identique) ne constitue pas une langue en soi, mais un environnement sémantique qui signale l'internationalisation intensive de la consommation (des marchandises comme de la culture), dominée par cette langue impériale qu'est l'anglais.

Catalogue Ford annoté
par Serge Gainsbourg, 1968.

Double page suivante :
Manuscrits de *Ford Mustang*.

entre la vie et la mort
on a retiré de mon corps
~~una fois s'cape baser~~
coma

(un allume cigare
un essuie glace
un paquet de cool) ← (un ~~garde feu~~ inscrit
un badge avec ~~marqué~~
dessus keep cool)

~~mord de mâchoire~~

(un port de ~~anglaise~~
un extincteur
un bâton de rouge bleu) mascfactor

→ deux écrous de chez paco rabanne       13
un briquet zippo   ~~un bouchon de platane~~
                   ~~un bout de racine de platane~~
                   ~~un bâton de policeman~~

une capsule de coca cola
un tube de fluid make up
un polaroid
~~flacon lait~~
~~un petit pot de~~ ~~tube de~~ démaquillant ~~nourrissant~~ hydratant ~~et~~

**1**

un essuie glace
un paquet d cool
un badge
avec in
scril dssus keep cool
un 'barre' de
chocolat
un coca cola

**2**

une bouteille
de blend make up
un flash
un browning
et un puck up
un livre
d'edgar poe
un briquet zipo

**3**

un numero
de superman
un e
crou de chez
paco rabane
un photo
d marylin

un ... ice cream

orchestre

# 1968
# 1969

Serge Gainsbourg et Jane Birkin,
rue de Verneuil en 1969.

— SLOGAN BIRKIN

1968 fut une année fétiche pour les uns, une année zéro pour les autres et une année noire pour ceux qui tenaient les rênes du pouvoir. « La France s'ennu[yait] », selon le commentaire célèbre d'un journaliste du *Monde*. 1968 était une année politique, assez érotique, mais pas autant que 1969, pour des raisons bien connues. 1968 avait pour prénom Brigitte ; 1969 se nommera Jane. 1968 était londonienne ; 1969 (et les suivantes) sera (seront) vouée(s) à une Londonienne. Lorsqu'on observe l'existence d'un homme en réduction, on a la vive impression de ne pouvoir distinguer que des « sauts de puce », d'une femme à une autre, d'un album à un autre, d'un temps à un autre. Manquent des mots, des sentiments, des sensations. Manquent l'ouïe et le toucher, le goût, la vue et l'odorat. Il y a des béances. Et ces béances sont, *après coup*, insondables. On obtient des anecdotes, pas des histoires. Mais qu'est-ce qu'une histoire, sinon, comme la vie, un mouvement complexe fait d'allers et de retours, de vicissitudes, toujours vécus au présent ? Gainsbourg, en 1969, a 41 ans, et lui qui n'a pas « fait » Mai 68 va participer, à son corps défendant, au mouvement de libération sexuelle qui a pris naissance dans les couches moyennes et les plus aisées de la société française. *Je t'aime… moi non plus*, une fois écrit, n'appartient plus à son auteur, le public s'en empare et c'est la ruée, des nuées de commentaires, l'hallali ou la grâce, mais toujours la gloire, qu'on soit loué ou vilipendé. Dès cette époque, il est plus ardu de distinguer la vie privée et la vie publique de Gainsbourg. Les médias sont du moins davantage enclins à les entremêler, à faire parler la vie « publique » afin de connaître la vie « privée », à pointer du doigt la réalité en se servant de représentations. Le chanteur, il faut le reconnaître, y met aussi du sien. Sa création esthétise parfois sa vie privée. Au-delà du phénomène médiatique qu'est le couple Gainsbourg-Birkin, il n'en reste pas moins que la vie des hommes, lorsqu'on la rejoint au fond d'une alcôve, devant une table servie ou dans une forêt solitaire, n'intéresse personne d'autre que ses protagonistes. Des êtres qui sont là, à un moment donné. Et qui, déjà, passent à autre chose.

**SLOGAN BIRKIN**

# JANE

« Vous êtes vraiment obligée de montrer des jambes pareilles ? » lui dira le cinéaste Pierre Grimblat. Jane Birkin répondra : « Non, si vous me payez l'opération. » Elle croit qu'il s'appelle Serge Bourguignon. Comme le bœuf, mais affublé d'une chemise mauve. « Qu'est-ce que c'est que ce poseur ? » demandera Jane. Gainsbourg ? Un « mec épouvantable ». « Un égoïste. » « Il me traite comme de la merde. » Le film qu'ils tournent s'appelle *Slogan* (il sortira en 1969, en même temps qu'*Évelyne*, la bande originale), le réalisateur Pierre Grimblat, le scénariste Melvin Van Peebles, auteur, en 1971, du sulfureux *Sweet Sweetback's Baadasssss Song*. Les acteurs principaux se nomment Serge Gainsbourg (« il est horrible ») et Jane Birkin (« quel boudin »). Gainsbourg aurait préféré jouer aux côtés de Marilù Tolo ou de Marisa Berenson (magnifique dans *Barry Lindon*, en 1975), ce sera Jane Birkin. Voilà comment, à partir de l'histoire quelconque d'un réalisateur de pubs quelconques, amoureux d'une Évelyne quelconque qui le plaque pour un quelconque champion d'Italie de hors-bord, on obtient miraculeusement le couple de l'année : Gainsbourg + Birkin ! Jane est née en 1946. Son père, David Birkin, est officier de la Royal Navy, sa mère une actrice célèbre. Une sœur, Linda. Un frère, Andrew, assistant réalisateur (*2001, l'odyssée de l'espace* de Stanley Kubrick) et photographe. Elle passe cinq ans dans un pensionnat de l'île de Wight avant d'épouser à 18 ans le compositeur John Barry (futur père de Kate), à qui l'on doit la musique de quelques James Bond, de *Bons baisers de Russie* à *Goldfinger*, ou celle de *Macadam Cowboy* de John Schlesinger. David Bailey la photographie. Elle ne sait encore ni chanter ni danser. Elle dansera et chantera. Elle fera aussi du cinéma. D'abord le *Knack* (1965) de Richard Lester, *Blow Up* (1967) d'Antonioni, puis *La Piscine* (1969) de Jacques Deray, avec Romy Schneider, Alain Delon et Maurice Ronet.

Jane Birkin avec son panier,
dans les années 1960.

Double page suivante : Jane Birkin
et Serge Gainsbourg à la foire de Nice, 1973.

**1968 – 1969**
SLOGAN BIRKIN

# JANE B.

Jane B., yeux bleus, cheveux châtains, aime sa poupée orang-outang. Jamais elle ne dort sans, cette Anglaise de sexe féminin, entre vingt et vingt et un. Signalement. Jane B., yeux bleus, cheveux châtains. Il aimerait que ce télégramme soit le plus beau télégramme qu'elle recevra jamais. Allô Allô Allô. Oh, le joli télégramme. Et se met à pleurer. Mélancolique et désabusée, garçon manqué, elle n'a jamais joué à la poupée. Pourtant elle aime sa poupée orang-outang. Et son teint pâle, son nez aquilin ? Signalement. Allô Allô Allô. C'est Johnny Jane ? Lorsqu'elle a le cafard dans la tête, elle se met à jouer des claquettes, en longeant le bord des trottoirs. Elle est le portrait de son père tout craché. Il chantait di doo di doo dah quand il l'accompagnait au lycée. Signalement. Jane B., yeux bleus, cheveux châtains. Elle danse seule juste pour le plaisir de danser, elle aime les coins un peu sordides, les bouges, les zincs, les bistrots enfumés. Salut les mecs. Salut. Elle laisse des traces sur son passage, sur tout ce qu'elle effleure avec son maquillage. Elle hésite si souvent entre le moi et le je, balance entre l'émoi et le jeu, son propre équilibre mental en est l'enjeu. Elle ignore tout des règles de ce jeu. Cruel et tendre à la fois entre le moi et le je. Jane B. Puisqu'elle le dit, mais oui elle l'aime. Puisqu'elle le dit, bien sûr c'est vrai. C'est vrai. Oh mon amour, mon amour baiser, baiser d'amour, baiser tendre baiser fou, baiser mouillé, baiser chaud baiser doux, baiser brûlant, baiser long, gros bisou, baiser doigt, sucer pouce, et puis baiser bouche, baiser doigt, sucer pouce, puis baiser peau douce.

Jane, Serge et Régine, août 1968.

Jane Birkin, Serge Gainsbourg
et Kate Barry.

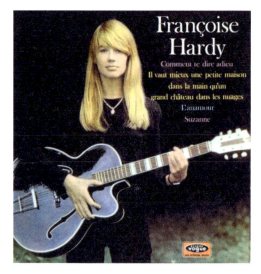

**1968 - 1969**
**SLOGAN BIRKIN**

# INTERPRÉTATIONS DIVERSES

D'abord des noms. Puis des titres, des dates. Un semblant de chronologie. Des chansons de Gainsbourg, le plus souvent créées, parfois reprises par de grand(e)s interprètes. Il y a Lucky Sarcell, au cabaret Madame Arthur, avec *Antoine le Casseur* (1955). Il y a surtout Michèle Arnaud, avec *Douze Belles dans la peau* (1958), *Ronsard 58* (1959), une *Javanaise* (sortie en 1996) et même un *Cha-cha-cha du chauve* (1960), lancé à la Cave K (*sic*) en présence de catcheurs célèbres, Johnny Stern ou l'Ange Blanc. Il y a Jean-Claude Pascal pour *La Recette de l'amour fou* (1958). Et les Frères Jacques (*Le Poinçonneur des Lilas*). Et Hugues Aufray (*idem*). Il y a surtout Juliette Gréco, de *La Jambe de bois (Friedland)* (1959) à *La Javanaise* (1963), de *L'Amour à la papa* (1958) à *Strip-Tease* (1963). Et il y a Philippe Clay (*Chanson pour tézigue*, 1962). Il y a Petula Clark, de *Vilaine fille, mauvais garçon* (1963) à *La Gadoue* (1966). Et Nana Mouskouri, avec *Les Yeux pour pleurer* (1963). Et Catherine Sauvage pour *Black Trombone*, *Les Goémons* ou *Baudelaire* (1962). Qui d'autre? Isabelle Aubret, de *Il n'y a plus d'abonné au numéro que vous avez demandé* (1963), quand Bardot changea de numéro de téléphone, à *Pour aimer il faut être trois* (1965). France Gall, bien entendu, avec *Baby Bop*, *Les Sucettes* (1966), etc. Mireille Darc et Stone (sans Charden); Michèle Torr et Valérie Lagrange; Claude François et Dalida. Dominique Walter avec *Qui lira ces mots* (1966), *Les Petits Boudins* (1967). Et Régine, avec, entre autres, *Les P'tits Papiers* (1965). Il y a encore Marianne Faithfull (*Hier ou demain*), Anna Karina (*Sous le soleil exactement*, *Roller Girl*, etc.), et bien sûr Jean-Claude Brialy (*J'étais fait pour les sympathies*, etc.), toutes chansons tirées de la comédie musicale de Pierre Koralnik, *Anna* (1967). Qui se souvient de Minouche Barelli et de son *Boum badaboum* (1967)? De Marie Blanche Vergne et de *Au risque de te déplaire*, paroles de Jean-Christophe Averty, son mari? Il y a Bardot. Oui. Et Françoise Hardy, avec *Comment te dire adieu* (1968). Mais aussi Zizi Jeanmaire et Dario Moreno. Bourvil et Jacqueline Maillan (*Pauvre Lola*, 1969). Et Michèle Mercier (*La Fille qui fait tchi-ti-tchic*, 1969, clin d'œil à *Cheek to Cheek* d'Irving

Brigitte Bardot, 45-tours, AZ, 1968.
Alain Chamfort, 45-tours, CBS Disques, 1981.
Régine, 33-tours, Pathé, EMI, 1967.
Jane Birkin, 33-tours, Philips, 1983.
Françoise Hardy, 45-tours, Disques Vogue, 1968.
Bambou, 45-tours, Philips, 1989.

**1968 – 1969**
**SLOGAN BIRKIN**

Berlin). Il y a Pierre Louki, avec *La Main du masseur* et *Slip Please* (1975). Et, bien entendu, Jacques Dutronc, avec *Elle est si* (1972) et *L'Hymne à l'amour, J'ai déjà donné, L'Avant-Guerre, c'est maintenant*, etc., avec dans cette dernière ce mot, « épicemar », tout droit sorti de l'argot rapin, celui de la bohème montmartroise du XIXᵉ siècle (1980). Et *Merde in France* ; Gainsbourg ne lui donnant pas les paroles, Dutronc improvise en « yaourt », c'est-à-dire en chantant n'importe quoi. Yaourt ou lavabo ? Puis il y a Dani. Et Alain Chamfort avec *Rock'n'rose* (1977) et *Manureva* (1979). Et Bijou avec *Betty Jane Rose* (1978). Qui se souvient de Shake et de *Chavirer la France* (1979) ? De Toubib et de *Cuti-réaction* (1980) ? Et des Martin Circus ? *USSR/USA*, en pleine guerre d'Afghanistan (1980) ? Julien Clerc ? *Belinda et Mangos* (1980). Sacha Distel. Catherine Deneuve, bien entendu (*Souviens-toi de m'oublier*, 1981). Alain Bashung, bien entendu (*Play blessures*, 1982). Isabelle Adjani, bien entendu (*Isabelle Adjani*, 1983, avec *Pull marine, Ohio* et *Beau oui comme Bowie*). Puis il y a Viktor Lazlo, Joëlle Ursull, Vanessa Paradis (*Variations sur le même t'aime*, 1990). Et, bien entendu, Bambou (*Made in China*, 1989). Et, bien entendu, Charlotte (Gainsbourg) (*Charlotte for Ever*, 1986). Et Jane Birkin (*Jane B., Télégramme à Jane, Orang-Outang, Raccrochez c'est une horreur, La Fille aux claquettes, Di doo dah, Puisque je te le dis, Mon amour baiser, La Cible qui bouge, Le Moi et le Je*). Et beaucoup d'autres, pour elle. Dans l'ordre ou dans le désordre, voilà la « ménagerie » (souvent-très-beaux-animaux…).

Stone, 45-tours, Polydor, 1967.
Petula Clark, 45-tours, Disques Vogue, 1964.
Michèle Torr, 45-tours, Polydor, 1966.
Marianne Faithful, 45-tours, Decca, 1967.
France Gall, 45-tours, Philips, 1965.
Mireille Darc, 45-tours, Philips, 1965.
Nana Mouskouri, 45-tours, Fontana, 1963.
Catherine Deneuve, 45-tours, Philips, 1981.
Sacha Distel, 45-tours, La voix de son maître, EMI, 1965.
Bijou, Mercury/Philips, 1978.
Juliette Gréco, 33-tours, Philips, 1963.
Vanessa Paradis, 33-tours, Polydor, 1990.

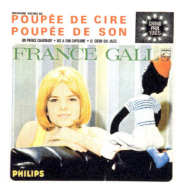

## 5 *BIS* RUE DE VERNEUIL

Un intérieur noir. Tout noir, comme le sont les papillons. C'est une maison dans le VII<sup>e</sup> arrondissement de Paris, rue de Verneuil, où les murs sont entièrement tendus de noir. Gainsbourg l'a voulue ainsi après sa rupture avec Bardot, et Andrée Higgins, antiquaire et décoratrice, s'est pliée à son désir. Le chanteur a même dessiné la salle de bains. Cette maison, c'est Joseph (qui va mourir en avril 1971) qui l'a trouvée en 1968. Il n'y a pas encore de graffitis sur le mur extérieur. Pas encore de grille. Il y a Fulbert, qui s'occupe de tout. Puis ce sera le tour de Jean-Pierre. Au centre de la grande pièce, là où les volets roulants métalliques sont toujours fermés, il y a le piano, sur lequel trône un daguerréotype de Chopin. Il y a une immense photo de Bardot. Un tourne-disque, un magnétophone. Et un écorché. Puis la pièce se remplira d'objets hétéroclites, de *L'Homme à tête de chou*, une sculpture de Claude Lalanne que Gainsbourg a achetée chez Fachetti, à une collection d'insignes de la police et de la gendarmerie, de menottes, etc. De disques. De Disques d'or, de platine. De photos, de coupures de presse encadrées. De bibelots. De cendriers… Jane, Kate (sa fille) et Serge s'installent rue de Verneuil après le tournage des *Chemins de Katmandou* d'André Cayatte. C'est la vie de famille, le temps où l'on prend des photos que l'on accroche aux murs. On trouve aussi des photos de Marilyn dans l'escalier qui permet d'accéder à la chambre, à la salle de bains et au bureau-bibliothèque bourré de livres, dont le fauteuil confortable se trouvait jadis dans un cabinet dentaire, alors qu'un étrange tableau observe le couloir de biais. Dans la petite cuisine, la télé est sur la table. Et des cadavres de bouteilles (millésimées!) sur une petite étagère. Kate et Charlotte doivent la traverser pour accéder à leur chambre. Mais surtout : il ne faut rien déplacer. Car tout ici est disposé au millimètre près. Maniaque, Gainsbourg ? À l'excès.

La salle de bains dessinée
par Serge Gainsbourg.

Serge Gainsbourg chez lui.

Serge Gainsbourg chez lui, 1969.

## *69, ANNÉE ÉROTIQUE*

L'album n'a pas de titre. Sur la pochette, il n'y a que deux noms séparés par un trait d'union : *Jane Birkin-Serge Gainsbourg*. C'est une traversée heureuse, presque nonchalante, de cette fameuse année 1969 qui, sexuellement, tombe à pic. Une autobiographie érotisée. Lui chante six chansons quand elle n'en chante que quatre, la dernière (*Je t'aime moi non plus*) étant bien entendu chantée en duo. Si Gainsbourg demeure Gainsbourg, Jane est un Gainsborough (*69, année érotique*), quand Bardot, selon le chanteur, était un Ingres et, plus tard, Deneuve sera un Van Dongen. Il a 41 ans ; elle en a 23. Ou 18-39, comme dans la chanson. Ou 20 et... 40 ans, comme dans *Élisa*, chanson rythmée par ce prénom allègre, presque « sautillant ». Il y a le signalement de Jane (*Jane B*) que l'on voit poser (presque) nue dans *Lui* ou *M*. Celui d'un orang-outang en peluche prénommé Monkey dont Jane ne se sépare jamais et qui apparaîtra sur la pochette de *Melody Nelson* (*Orang-Outang*). Et celui d'un canari échoué sur un balcon, tandis que sa propriétaire s'allonge une dernière fois sur son lit, attendant que le gaz emplisse ses poumons. *L'Anamour*, bien que transitoire, permet à Gainsbourg, en quatre quatrains aux rimes embrassées, de jouer avec les sons – homophonies et allitérations : « transit/transat », « exacte/exit », « Asie/Asa », « hélice/hélas », « passe/police », « pavot/pavés », tout en se souvenant de son tournage avec Jane au Népal (« Tu sais ces photos de l'Asie... »). Pour le reste, on retrouve *Sous le soleil exactement* (que chantait Anna Karina dans la comédie musicale *Anna*, de Pierre Koralnik, et dont l'instrumental est le générique du film), *Les Sucettes* (que chantait France Gall) ; il s'approprie aussi *Manon*, chanson d'amour et de trahison refusée par Jean Aurel pour son film *Manon 70*, avec Catherine Deneuve et Sami Frey.

Couverture de *M*, 1970.

Brouillon de *69, année érotique*.

**1968 – 1969**
SLOGAN BIRKIN

# *JE T'AIME MOI NON PLUS*

La légende dit ceci : après une soirée arrosée, Gainsbourg écrit *Je t'aime moi non plus* pour Bardot. Ils enregistrent la chanson, qui ne sortira qu'en 1986. Pourquoi ? Sous la pression de son mari, Gunther Sachs, elle en interdit la publication. Mireille Darc désire alors la chanter. Ce sera Jane Birkin. Quand une femme dit « je t'aime » en faisant l'amour à son partenaire, doit-on la croire ? Béance des incertitudes, « vague irrésolue » du soupçon qui pèse sur ce « je t'aime »-là. Car ces mots ne sont pas raisonnables, trop spontanés, trop vifs (et à vif). Trop de plaisir nuit à la raison et au jugement. Peut-être. Voilà pourquoi après « je t'aime » vient la réponse du mâle : « Moi non plus. » C'est une représentation érotique de l'amour, un slow aux mots simples agrémentés de quelques métaphores (« Comme la vague irrésolue » ; « Tu es la vague, moi l'île nue », qui suggère la position choisie...), où le rejet du vers a une grande importance rythmique (« Et je/ Me re-/ Tiens », par exemple). Cependant, pour le *Giornale d'Italia*, c'est « autant de soupirs, de plaintes et de grognements qu'un troupeau d'éléphants en train de s'accoupler ». Pour l'*Osservatore Romano*, organe (sic) du Vatican, c'est une « obscénité ». La reine des Pays-Bas, actionnaire de Philips, s'offusque. La maison de disques, après épuisement des stocks, doit remplacer la chanson sur le 33-tours par *Slogan*. *Je t'aime moi non plus* est interdite. En France, aux moins de 18 ans, dès sa sortie en février 1969 (En face B... *Jane B.*). Et à tous les autres en Italie (où elle se vend sous le manteau, dissimulée dans une pochette de la Callas), en Espagne, au Portugal, au Brésil et même en Suède. La BBC censure « soupirs et grognements » de Jane Birkin : elle ne passe plus que la version instrumentale, *Love at First Sight*, jouée par les Sounds Nice. Cependant, c'est un énorme succès en France et à l'étranger. Plus d'un million de disques vendus. Les imitateurs (*Extases*, de Marisa Solinas et Andrea Giordana) sont légion. Jacqueline Maillan et Bourvil la parodient en 1970 (*Ça (Je t'aime moi non plus)*). Donna Summer, en dépit du faible succès de la chanson aux États-Unis, en empruntera le thème pour *Love to Love You Baby* (1975). Gainsbourg et Birkin se retrouvent alors élevés au rang d'icônes de la libération sexuelle.

Avec Bardot, *Je t'aime moi non plus*, 45-tours,
enregistré en 1967, inédit jusqu'en 1986.

Avec Birkin, *Je t'aime moi non plus*, 45-tours,
enregistré en 1969.

# 1970
# 1978

Serge Gainsbourg dans les années 1970.

# — C'EST LA CRISTALLISATION

Stendhal appelait cristallisation « l'opération de l'esprit, qui tire de tout ce qui se présente la découverte que l'objet aimé a de nouvelles perfections ». Gainsbourg, après *Je t'aime moi non plus*, n'a jamais été aussi célèbre, en France comme à l'étranger. Après une année sabbatique (1970), la cohérence de son œuvre va (enfin) apparaître au grand jour, même si les albums qu'il compose à cette époque, pour son propre compte ou pour Jane Birkin, expérimentent des voies différentes. Parfois, on perçoit les objets et les choses avec clarté, bien que la fenêtre qui ouvre sur le monde ne permette pas de tout voir, et de tout voir distinctement (derrière soi, il y a ce monde de l'intimité qui grouille d'instants élaborés ou encore informes). C'est que le processus de la « vision » peut aussi, à l'occasion, employer d'autres artifices qui, s'ils tirent leur origine de cette simple perspective immédiate, s'en écartent résolument. Au cours des années 1970, Gainsbourg va publier trois albums importants : *Melody Nelson*, *Rock Around the Bunker* et *L'Homme à tête de chou*. Le premier va s'avérer crucial pour sa carrière. C'est un album concept. Les chansons ne se succèdent plus sans entretenir de liens étroits les unes avec les autres ; c'est une histoire découpée en plusieurs chapitres qui annonce, par sa structure littéraire, l'écrivain Gainsbourg, et par son montage, le cinéaste qu'il va bientôt devenir. Il va également écrire et composer deux albums qui vont orienter la carrière de Jane Birkin et sa personnalité, très nuancée, d'une sensibilité manifeste à une violence sous-jacente. *Di Doo Dah*, d'abord (avec le très beau *Mon amour baiser*), en 1973 ; et *Ex-fan des sixties* (avec *L'Aquoiboniste*, portrait en creux de Gainsbourg) en 1978 (il compose également en 1975 la musique d'un troisième album, *Lolita Go Home*, les paroles, excepté une chanson qu'a écrite Gainsbourg, étant de Philippe Labro). Gainsbourg a peut-être caressé le rêve d'être un artiste complet et d'investir un art majeur. La peinture fut un échec ; la chanson lui apporte succès et richesse. Mais la chanson, ce n'est rien. Le septième art... Acteur d'occasion, il va enfin pouvoir jeter un œil derrière la caméra.

# *HISTOIRE DE MELODY NELSON*

C'est un récit, à l'unité remarquable (renforcée par la présence de l'orchestre, qui donne à l'histoire son mouvement et son amplitude), qui se nourrit paradoxalement de ses ellipses. C'est une hallucination. Un égarement dans les méandres complexes du fantasme. Un retour sur soi. Si Gainsbourg ne raconte pas sa vie, il s'inspire de sa rencontre avec Jane. Il y a une Rolls (Gainsbourg, qui ne savait pas conduire, en posséda une), prétexte à rêverie et déclencheur de l'histoire – l'accident, la roue de vélo, «Melody comment? Melody Nelson». Le début de l'*Histoire de Melody Nelson* est un hymne au bouchon de radiateur de la Rolls-Royce, «princesse des ténèbres, archange maudit». Comme l'a écrit Erwin Panofsky dans *Les Antécédents idéologiques de la calandre Rolls-Royce* : «La composition de cette calandre résume, pour ainsi dire, douze siècles de préoccupations et d'aptitudes anglo-saxonnes : elle cache une admirable mécanique derrière une majestueuse façade palladienne; mais celle-ci est surmontée par la "Silver Lady" [et non, comme l'écrit Gainsbourg, par le "Spirit of Ecstasy"!] dont la silhouette Art nouveau, voiles au vent, est pénétrée de l'esprit du "romantisme". La calandre et le bouchon n'ont pas été modifiés depuis que fut livrée la première voiture Rolls-Royce au début de 1905; et c'est dès 1911 que la "Silver Lady", créée par Charles Sykes, R.A., fut ajoutée.»
Le *talk-over* (*Melody*, *L'Hôtel particulier*, *Cargo culte*) alterne avec des parties chantées (*Ballade de Melody Nelson*, *Valse de Melody*, *Ah Melody*, descriptives, réflexives ou méditatives) et instrumentales (*En Melody*, un *Je t'aime moi non plus* sans paroles mais non sans petits cris, suite «logique» de *L'Hôtel particulier*). Qui est Melody? Une adolescente de bientôt 15 ans, «petit animal», «adorable garçonne» ou «aimable petite conne», victime de l'«erreur fatale» du pilotage automatique d'un avion cargo. Comme l'écrivait le poète brésilien Carlos Drummond de Andrade dans *Mort en avion*: «Ô blancheur, sérénité sous la violence/ De la mort sans préavis,/ Précautionneuse et pourtant irrésistible approche d'un péril atmosphérique/ Coup percuté dans l'air, lame de vent/ Dans le cou, éclair/ Choc fracas fulguration/ Nous roulons pulvérisés/ Je pique verticalement et me transforme en fait divers.»

Serge Gainsbourg et Jane Birkin
à Londres pour la promotion
de *Melody Nelson*, années 1970.

Double page suivante : Partition
de la *Ballade de Melody Nelson*.

vendredi 13h30
Polydor — melody Nelson       Ⓐ

de Melo dy Nelson

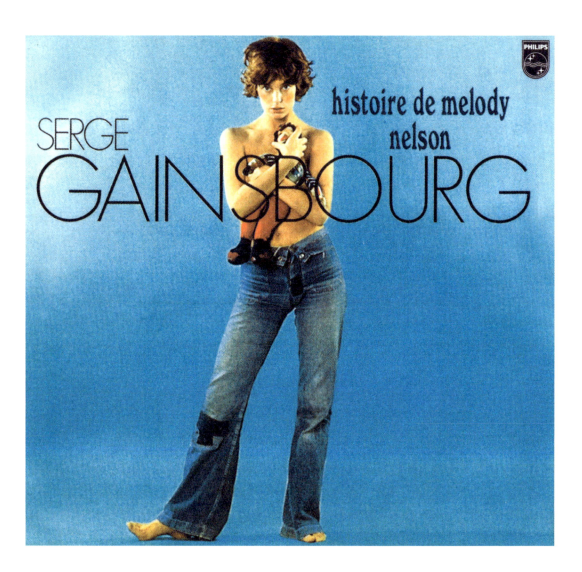

## « UN POÈME SYMPHONIQUE »

L'album, que Gainsbourg qualifiait de « vraie comédie musicale symphonique », sort en mars 1971, avant La Décadanse, un slow où l'homme danse dans le dos de sa partenaire. Sous la houlette du chef d'orchestre Jean-Claude Vannier, son nouvel arrangeur, l'enregistrement de Melody Nelson s'effectue en deux étapes : d'abord les bases rythmiques (à Londres et à Paris), puis le reste près d'un an plus tard. Une Jane aux cheveux courts, rajeunie, presque enfantine, mais enceinte (son singe fétiche dissimule son ventre), offre son regard étonné sur la pochette, tandis que Serge apparaît à l'intérieur, pas rasé et les cheveux plus longs. L'album possède sept chapitres (certains, tels Le Papa de Melody, Melody et les Astronautes, Melody lit Babar, ne seront pas retenus). Deux d'entre eux durent plus de sept minutes. L'ossature rythmique est rock : une basse, une guitare électrique, une batterie qu'accompagnent un orchestre symphonique de cinquante musiciens et soixante-dix choristes (sur Cargo culte). La presse, pourtant jamais avare de critiques envers Gainsbourg, fait un triomphe à cette Histoire de Melody Nelson. Pour d'aucuns, elle est « le premier poème symphonique de l'âge pop ». Rien de moins. Jean-Christophe Averty, en décembre 1971, met l'album en images pour la deuxième chaîne de télévision avec, bien entendu, Gainsbourg et Birkin. Son film, presque hallucinatoire ou, comme on voudra, psychédélique, plonge les deux protagonistes de l'histoire dans l'univers surréaliste de Paul Delvaux, Salvador Dalí, René Magritte, Max Ernst, comme dans celui de Félix Labisse et du Douanier Rousseau. Cargo culte (certaines tribus papoues vénèrent les avions « tombés du ciel »), qui ferme l'album, est d'une grande réussite formelle, grâce à des superpositions d'images toujours en mouvement.

*Histoire de Melody Nelson*,
33-tours, 1971, Philips.

**1970 – 1978**
C'EST LA CRISTALLISATION

# CHARLOTTE, BÉBÉ ET DES POUSSIÈRES D'ÉTOILES

« C'est une petite poupée qui fait pipi caca/ Une petite poupée qui dit papa/ Faut la rattraper par la manche/ Sinon elle part en arrière/ Elle bascule en gardant les yeux grands ouverts/ Faut la rattraper par la manche/ Sinon elle part en arrière/ Elle se couche sur le dos les pattes en l'air. » Elle est précoce, celle qui dit déjà « papa »; un papa qui la trouve « pas raisonnable mais raisonnée, sucrée acide, acidulée sucrée » pour les besoins de son film *Charlotte for Ever* (1986). Charlotte Gainsbourg naît à Londres le 21 juillet 1971. Faisait-il chaud? Faisait-il froid? Au café du coin, Serge et Andrew, le frère de Jane, arrosent l'événement. Le parrain sera Yul Brynner, roi de Siam d'opérette à Broadway puis sur les écrans (*The King and I*) ou Ramsès (*Les Dix Commandements*, de Cecil B. De Mille), Tarass Boulba (dans le film de Jack Lee Thomson) ou mercenaire (*Les Sept Mercenaires* de John Sturges), dont le crâne apparaît fugitivement dans *Relax Baby Be Cool*. Puis le bébé tombe malade. Se rétablit. Grandit. « Tu es une petite Charlotte/ Aux pommes à l'aube aux aurores boréales/ Quand tu t'enfiles tes céréales/ Avant le lycée polyglotte » (*Shush Shush Charlotte*). Enfant, elle danse. Adolescente, elle chantera avec Serge *Lemon Incest*, puis un album entier, *Charlotte for Ever* (1986). Elle sera surtout comédienne, de *L'Effrontée* de Claude Miller (1986), pour lequel elle recevra le César du meilleur espoir féminin, à *Lemming* de Dominik Moll (2005). Elle a « le feu de Dieu », disait Serge, « mais celui-ci est son sponsor ».

Portrait de Charlotte Gainsbourg
par son père, 1979.

Serge Gainsbourg
et Jane Birkin avec Kate
et Charlotte, décembre 1972.

Serge expliquant à Charlotte comment se servir de l'appareil photo Polaroid qu'il lui a offert pour son anniversaire, en Normandie, le 21 juillet 1979.

Serge et Charlotte jouant aux échecs en Normandie, juin 1979.

**1970 – 1978**
C'EST LA CRISTALLISATION

# *VU DE L'EXTÉRIEUR*

Sorti en 1973, *Vu de l'extérieur* est à tous égards un album de transition. La vie est transitoire, Gainsbourg le sait, lui qui, quelques jours après l'enregistrement, a une crise cardiaque : « J'allais assez vite… donc j'ai vu beaucoup de paysages défiler, mais j'ai accroché un platane. » Esthétiquement, cet album l'est tout autant. Coincé entre l'*Histoire de Melody Nelson* et *Rock Around the Bunker*, il semble hésiter entre sexe et sentiment, humour grinçant et désabusement. Après avoir réalisé l'un des premiers albums concepts français, peut-être lui fallait-il faire une pause, prendre quelques poses, et réfléchir à la suite. C'est, en somme, un album qui fuit de toutes parts (*Sensuelle et sans suite*), qui tire paradoxalement sa cohérence de ses incohérences (une fuite en avant, donc une liberté absolue de ton), alignant les jeux de mots, les mots-valises, les homophonies et les homonymies comme autant de trophées. Rien, ou presque, n'est pourtant forcé. Ces dix titres doivent être simplement estimés pour leurs qualités intrinsèques, et non en regard de l'ensemble. Le piano domine : voilà ce qui les rassemble. Pour le reste, la « pomme cuite » (*Sensuelle et sans suite*) grince, comme le lit de la belle « hippopodame » (premier mot-valise). Là où *Je suis venu te dire que je m'en vais*, inspiré de la *Chanson d'automne* des *Poèmes saturniens* de Verlaine, appelle la mort, *La Poupée qui fait*, dédié à sa fille Charlotte, est un hymne à la vie. Entre les deux, il y a le sexe, parfois évoqué avec humour, souvent avec désabusement. Du masochisme (sans contrat) de *Titicaca* au dévoilement de la strip-teaseuse *Pamela Popo* ; de l'amour dans les tape-culs de *Panpan cucul* à l'amour à la chaîne de *Sensuelle et sans suite* ; de la noirceur intérieure d'un derrière comme d'un esprit dans *Vu de l'extérieur* au « petit cadeau » donné par *L'Hippopodame*. Comme dans *Sex-Shop* (1972), l'amour n'est que « trahisons » si l'on ne réfrène pas son désir (*Par hasard et pas rasé* – jeu de mots sur « para »). Distance envers le libertinage, comme près de quinze ans plus tôt. L'humour le sauve. En témoigne la kyrielle de synonymes plus ou moins triviaux, attestés ou inventés par les soins de Gainsbourg, pour le derrière et les sexes masculin et féminin. Le meilleur ? Peut-être « coups d'avertisseur » qui à la fois désigne l'objet et décrit sa fonction…

*Vu de l'extérieur*, 33-tours, 1973, Philips.

# *ROCK AROUND THE BUNKER*

*Rock Around the Bunker* est une représentation rock du nazisme. Un album cinglant, sans concession. La mémoire de Lucien, le jeune Juif parisien qui dut porter l'étoile jaune (*Yellow Star*). Un album où l'humour confine au grotesque, sans vulgarité. Enregistré aux studios Phonogram de Londres avec un groupe de choc, Alan Hawkshaw aux claviers, Alan Parker à la guitare, Brian Odgers à la basse, Dougie Wright à la batterie et trois choristes, il sort en février 1975. D'aucuns se sont indignés qu'un sujet aussi délicat soit traité avec autant de «légèreté». Pourtant, Ernst Lubitsch, qui avait aussi des origines juives (et allemandes de surcroît), emploie un ton identique dans *To Be or Not to Be* (1942). Pour le documentariste Marcel Ophuls, ce film est le «meilleur documentaire sur le nazisme. [...] Lubitsch montre le côté petit-bourgeois misogyne des nazis, traitant les gens comme des objets, en uniformes noirs avec des bottes noires, des petits bourgeois de province en bottes noires!» Le propos de Gainsbourg est exactement le même. *J'entends des voix off*, description de Hitler fondée sur un jeu avec les rimes (internes et en fin de vers), le montre: «Grosse vache/ De basse souche/ Pomme Fritz/ Sale Chleu.»

*Rock Around The Bunker*,
33-tours, 1974, Philips.

Étoile jaune.

*Nazi Rock* comme *Tata teutone* qui évoque un SS ajoutent à cette particularité sociale l'homosexualité, en particulier le travestissement (celui, symboliquement, de la vérité). D'où l'importance pour Gainsbourg de la Nuit des longs couteaux (1934), quand les chefs de la SA, Röhm en tête, furent massacrés par la SS au cours d'orgies, comme le montre Visconti dans *Les Damnés*. Une orgie de sexe, une orgie de sang (*Est-ce est-ce si bon ?*). Car c'est au corps nazi, ce corps réputé d'acier, adepte de la «tortore» et de l'élimination, que Gainsbourg s'attaque directement. C'est ce corps-machine réputé impeccable qu'il anéantit, celui de Hitler comme celui d'Eva Braun (*Zig zig avec toi* – quand Aleksander Sokourov échoue dans *Moloch* à filmer la scène d'amour entre le Führer et son égérie). Eva Braun qui, dans le nid d'aigle, fredonnait *Smoke Gets in Your Eyes*, sa chanson préférée, créée en 1934 par le Paul Whiteman Orchestra, puis popularisée par les Platters. Tout doit être détruit, y compris ce qu'on aime et qui a été souillé. Elle commence, cette destruction, à Berlin, dans un *Rock Around the Bunker* aux couplets apaisés et au refrain joyeux. La destruction d'une ville, et du symbole de Germania, la Chancellerie, où seul le bunker de Hitler « résiste » aux assauts soviétiques. Restent ceux qui parviennent à s'échapper (*SS in Uruguay*), et que Gainsbourg aurait bien aimé voir pendus. Reste l'étoile jaune. La *Yellow Star*. Il laisse le chœur prononcer les mots infâmes. Distanciation. Retour sur soi. Un « Oh yeah » final moins dramatique. Retour à l'actualité. À la vie.

**1970 – 1978**
C'EST LA CRISTALLISATION

# *JE T'AIME MOI NON PLUS* (LE FILM)

*L'Ami Caouette*, premier « tube de l'été » de Gainsbourg, sort la même année que *Rock Around the Bunker*. Chanson rigolote, qui ne fait pourtant pas rire le politicien canadien Réal... Caouette. Le pays des érables interdit l'opus. Gainsbourg a d'autres préoccupations : le tournage de *Je t'aime moi non plus*, sur le champ d'aviation d'Uzès. C'est l'Amérique. Le visage plan, brûlé de l'Amérique. Un bar est planté dans ce décor aux couleurs violemment saturées, camaïeu délavé de marrons et de beiges (Willy Kurant est le chef-opérateur du film). Soleil (presque) blanc. Alternance des vitesses : lentes puis très rapides soudain. Vitesses équivoques. Le ton est sec, asséché, les plans *cut*, le montage haché. Padovan (Hugues Quester) et Krass (Joe Dallesandro, acteur d'Andy Warhol, doublé par Francis Huster), tous deux homosexuels, transportent des ordures dans leur camion : imitation *trash* du road-movie (débarrassée du mythe). Ils passent devant le bar tenu par Boris (René Kolldehoff), un pétomane alcoolique annonciateur de Sokolov. Johnny (Jane Birkin) traîne ses cheveux courts du bar à la salle, seul ombre portée de la beauté dans un univers désolé et invariable. Un souffle de vent ? Jamais. Si. L'amour, aussi imprévu que fugitif, entre Krass et Johnny. Bien que le film n'ait pas été classé X lors de sa sortie en 1976, la critique s'acharne. *La Croix*, notamment : « N'ayant l'habitude de fréquenter les décharges publiques que pour y déposer des ordures », écrit le « critique de cinéma » du journal, « je m'abstiendrai de tout autre commentaire. » François Truffaut, et Michel Grisolia dans *Pariscope* (« une succession d'images coupantes, dures, splendides »), sont parmi les seuls à soutenir le film. Et sa célèbre *Ballade de Johnny Jane*...

Polaroid de repérage pour le tournage
de *Je t'aime moi non plus*.

**1970 – 1978**
C'EST LA CRISTALLISATION

# ACTEUR MAL EMPLOYÉ, COMPOSITEUR PROLIXE

Gainsbourg le savait : il aurait pu être un bon acteur si les metteurs en scène qui le dirigeaient avaient été à la hauteur. Il voulait tourner avec Elia Kazan, on lui proposait Michel Boisrond. Pas facile d'être acteur quand un producteur engage au début des années 1960 votre laideur en lieu et place de votre jeu dans des péplums hilarants : *La Révolte des esclaves*, *Hercule se déchaîne*, *Samson contre Hercule*. Gainsbourg joue les méchants. Les chiens le dévorent. On le larde de flèches. On le précipite dans la fosse aux crocodiles. Gainsbourg acteur se débarrasse d'une peau après l'autre. Petit maître chanteur dans *Voulez-vous danser avec moi* (où figure Bardot), chef d'orchestre dans *L'Inconnue de Hong-Kong* (1963), cinéaste dans *Le Jardinier d'Argenteuil* (1966) de Jean-Paul Le Chanois, sorte de troubadour dans *Ce sacré grand-père* (1968) de Jacques Poitrenaud (avec Michel Simon), chef d'un commando dans *Mister Freedom* (1969) de William Klein, policier dans *Estouffade à la Caraïbe* de Jacques Besnard (avec Jean Seberg), réalisateur de pubs dans *Slogan* (1969) de Pierre Grimblat, critique d'art dans *Paris n'existe pas* (1969) de Robert Benayoun (Gainsbourg composant la musique en jetant des objets sur les cordes du piano – comme Cage !), tueur dans *Cannabis* (1970) de Pierre Koralnik (avec Jane Birkin), jeune bourgeois dans *Le Voleur de chevaux* (1971) d'Abraham Polonsky (avec Jane encore) et de nouveau tueur dans *La Dernière Violette* (1974) de l'écrivain André Hardellet. Les musiques et les chansons qu'il compose pour le cinéma laissent en général plus de traces que les films eux-mêmes : *Strip-Tease* (1963) pour le film éponyme de Jacques Poitrenaud, *Comment trouvez-vous ma sœur ?* (1964) pour celui de Michel Boisrond, *Élisa* pour *L'Horizon* (1967) de Jacques Rouffio, *L'Herbe tendre* pour *Ce sacré grand-père* (1968) de Poitrenaud, en duo avec Michel Simon, *Requiem pour un con* pour *Le Pacha* (1968) de Georges Lautner (avec Gabin), *Cannabis* (1969) pour le film éponyme de Pierre Koralnik, *Sex-Shop* (1972) pour celui de Claude Berri, *Goodbye Emmanuelle* (1977) de François Leterrier, *Sea Sex and Sun* pour *Les Bronzés* (1978), *Dieu fumeur de havanes* (qu'il chante en duo avec Catherine Deneuve) et *La Fautive* pour *Je vous aime* (1980) de Claude Berri, sans compter une dizaine de compositions, (tous les titres, sauf *Entrave*, commençant par « tra » comme « travesti ») pour *Tenue de soirée* (1986) de Bertrand Blier.

Michel Simon et Serge Gainsbourg dans
*Ce sacré grand-père* de Jacques Poitrenaud, 1968.

# GAINSBOURG CINÉASTE

Quoi de plus excitant que de fixer sur la pellicule des sujets qui parlent et se déplacent dans l'espace et le temps ? Celui-ci, disait Deleuze, « sort de ses gonds : [il] n'est plus subordonné au mouvement, mais le mouvement [l'est] au temps ». Gainsbourg a vu *King Kong* ou *L'Atalante* ou *La Nuit du chasseur*. *Les Sentiers de la gloire* ou *Johnny Got His Gun*. Ce n'est pas un rêve d'enfant qu'il réalise, c'est le désir de sortir de la chronologie, de découvrir un temps autre auquel on ne s'abandonne pas mais qu'il s'agit de maîtriser. Après l'échec commercial et critique de *Je t'aime moi non plus*, Gainsbourg va tourner au Gabon *Équateur* (1983), qui s'inspire de *Coup de lune*, une nouvelle de Simenon. Il veut Patrick Dewaere, mais l'acteur se suicide. Ce sera Francis Huster, et Barbara Sukowa, héroïne de *Lola, une femme allemande* de Fassbinder. Comme dans son film précédent, il y a errance, le bar est remplacé par un hôtel, Dallesandro par Huster (la voix est la même, et c'est troublant), Birkin par Sukowa, Kolldehoff par Kolldehoff. Mais l'errance (« Ce n'est pas l'errance, c'est l'erreur », faisait dire Agnès Varda à un berger dans *Sans toit ni loi*), elle, n'est remplacée par rien. Elle est là, perdure, se désagrège, s'enlise, s'enfonce, se noie. Personnages asphyxiés. Un brin d'érotisme (torride ?) sous une moustiquaire (qui fit beaucoup pour la « réputation » du film) n'y change rien. Dans tous ses films, Gainsbourg veut extraire la brutale innocence des êtres en perdition qu'il met en scène. Il y parvient avec plus ou moins de bonheur, mais Krass, Eugène et les deux Stan – Serge Gainsbourg dans *Charlotte for Ever* (1986) avec Charlotte Gainsbourg ; Claude Berri dans *Stan the Flasher* (1990) – ont en commun de n'être ni bons ni mauvais, mais flottants, leurs perversités (ou leurs « déviances ») sexuelles ou sociales atteignant un tel paroxysme que la situation, subitement, se retourne et laisse place à la morale, même si elle survient dans le chaos et qu'elle demeure invisible, dissimulée sous de nombreuses strates de solitude.

Carte d'identité professionnelle
de technicien de l'industrie
cinématographique, délivrée le 25 juillet 1986.

RÉPUBLIQUE FRANÇAISE

CENTRE NATIONAL DE LA CINÉMATOGRAPHIE

## CARTE D'IDENTITÉ
### PROFESSIONNELLE
DE TECHNICIEN DE L'INDUSTRIE
CINÉMATOGRAPHIQUE

(Décision n° 51 du 10 Juillet 1964
du Directeur Général du C.N.C.)

NOM : GAINSBOURG
Prénoms : Serge
Nationalité : Française
Date et lieu de naissance : 02.4.1928
PARIS (4°)
Adresse : 5 bis, rue de Verneuil PARIS
N° de la carte : 6441
Date de délivrance : 25 juillet 1986

SIGNATURE DU TITULAIRE :

LE DIRECTEUR GÉNÉRAL DU C.N.C. :

Pour le Directeur Général
et par délégation,
le Chef du Service
du Long Métrage

le soleil est rare
et le bonheur aussi
l'amour ~~se~~ égare
au long
de la vie

le soleil est rare
et le bonheur aussi
mais tout change
grâce à
maslem

# SUR VOTRE PETIT ÉCRAN CE SOIR

Tiens, il y a des pubs... Oui, moi aussi, « la gueule que j'ai, je la regretterai dans dix ans ». C'est pour Konica. Et j'ai froid. Un pull soyeux ? Voyez Brigitte Fossey, Marlène Jobert et Jane Birkin. Faites comme elles, utilisez Woolite. Ou réchauffez-vous avec un Martini, car si « le soleil est rare/ Et le bonheur aussi/ [...] tout change » avec ce breuvage-là. Vous ne buvez pas ? Gini. Vous l'aimerez, et il vous aimera (« amour partagé »). Et préparez-vous un Maggi, ça réchauffe aussi. Ou cassez une petite graine avec une boîte de Cassegrain... qui accompagnera un lapin chaussé de lunettes noires. Sylphide ? « Prenez du plaisir, pas du poids. » Passez donc à nouveau votre Lee Cooper. Et la Renault 9 ? La Renault 9. Ce qu'il y a de terrible dans la pub, c'est son insistance, elle retient, absorbe. On s'en souvient. On se souvient des pubs de Gainsbourg ; des autres, aussi. Il réalise un court-métrage à la fin de 1981 pour le Comité français des produits de beauté, *Le Physique et le Figuré*, exhibant un mannequin prénommé Alexandra qui... fait sa toilette et se maquille. Acteur, Gainsbourg l'est aussi à la télé. Pour la série *Les Cinq Dernières Minutes* de Claude Loursais, il interprète un clochard soupçonné de meurtre dans *Des fleurs pour l'inspecteur* (1964). Raymond Souplex mène l'enquête. Après avoir composé le générique de *Vidocq*, et notamment *Le Forçat*, qui parodie Dylan, il joue aussi le rôle d'un dément dans *Vidocq à Bicêtre* (1967). En 1968, il est au générique du *Prisonnier* de Lagny. Cependant, c'est la comédie musicale *Anna* (1976) de Pierre Koralnik, avec Anna Karina et Jean-Claude Brialy, histoire d'une fille insaisissable et d'un photographe un peu pervers, qui retient le plus l'attention. Le générique se balance doucement au rythme de *Sous le soleil exactement*. Si les chansons, souvent mêlées aux dialogues, sont en général savoureuses, comme *C'est la cristallisation*, *Roller Girl* (par Karina), *J'étais fait pour les sympathies* (par Brialy), *Un poison violent, c'est ça l'amour* (« Un truc à pas dépasser la dose !/ Comme en bagnole/ Au compteur 180/ À la borne 190/ Effusion 200 »), où Gainsbourg cite... Bossuet, d'autres sont plus intimistes comme *Ne dis rien* (Karina en duo avec Brialy). Il collabore enfin à la musique de *Marie-Mathématique* (1965), personnage d'une série de dessins animés créés par Jean-Claude Forest, le père de Barbarella et d'Hypocrite, pour l'émission de Daisy de Galard, *Dim Dam Dom*.

Anna Karina et Serge Gainsbourg
enregistrant l'émission de télé *Entrez dans
la confidence*, mars 1968.

Brouillon d'une publicité pour Martini.

**1970 – 1978**
C'EST LA CRISTALLISATION

# *L'HOMME À TÊTE DE CHOU*

*L'Homme à tête de chou* est cette sculpture de Claude Lalanne que l'on sait installée rue de Verneuil. C'est aussi le second album concept de Gainsbourg (1976), enregistré sous la direction artistique de Philippe Lerichomme. Un disque incontournable pour toute une génération, éclectique et inventif. La critique acclame, pourtant les ventes stagnent. C'est une idée potagère (oreilles en chou-fleur : « Mes oreilles après des mots comme vieux con pédale/ Se changèrent en feuilles de chou » – *Premiers symptômes*), quelques années après la sortie du *Concombre masqué* de Mandryka dans *Pilote* ! Mais Gainsbourg n'est pas Chourave ! La tête de chou, c'est aussi le « fromage blanc ». C'est aussi l'échec d'un homme qui travaille dans une feuille de... chou – et à scandales. Mais, sous la ceinture, il y a encore à faire, et à défaire. Un album potager, donc, mais aussi zoophile : kangourou, coiffeur, macaques, Tarzan, Jane, Chita, tous issus du bush urbain. Marilou, shampouineuse, désirs sexuels exacerbés, entame la carlingue déjà abîmée de notre antihéros, qui finit par se rebiffer et endormir la belle « Sous la neige/ Carbonique de l'extincteur d'incendie » (*Marilou sous la neige*), désespérant jusqu'à la folie de retrouver une innocence perdue. Gainsbourg mêle dans ses textes plusieurs niveaux de langue, du plus raffiné au plus trivial, « triturant » le discours pour que s'exprime la complexité de la pensée. Il échappe ainsi aux clichés qui voudraient un langage vulgaire pour une chanson décrivant une masturbation, élégant pour une chanson « plus sentimentale ». L'oscillation des sons entre dureté et douceur ainsi que la prolifération des métaphores (ici l'abus fait sens) soulignent cet égarement fantasmatique entre exultation infantile et violence inouïe. La structure syntaxique, de fait, est légèrement bouleversée. Gainsbourg se plaît encore à rejeter une partie du mot à la fin du vers (pour trouver la rime) : « Sans réponse je pousse le loqu/ Et j'écoute... » (*Premiers symptômes*) ou « Tandis que Marilou s'amuse à faire des vol/ Utes... » (*Variations sur Marilou*). Il maîtrise ici parfaitement le *talk-over* (*Marilou sous la neige* et *Ma lou Marilou* sont cependant chantées, le chœur reprenant, quant à la seconde, le titre en refrain), même si sa voix s'égare parfois légèrement dans les graves ; *Marilou Reggae*, comme son nom l'indique, annonce l'envol du chanteur pour Kingston trois ans plus tard...

Sculpture *L'Homme à tête de chou*
de Claude Lalanne, acquise par Gainsbourg.

**1970 - 1978**
C'EST LA CRISTALLISATION

# RETOUR SUR SCÈNE

Gainsbourg remonte sur scène! Après quinze ans d'absence... Sans trac. Sans avoir envie de « cracher à la figure des gens ». Les applaudissements, ce n'est plus « démodé ». Alors il remonte sur scène avec le groupe Bijou, composé de Vincent Palmer (guitare et chant), Philippe Dauga (basse et chant) et Dynamite Yan (batterie). Le groupe avait connu le succès en 1977 avec *Danse avec moi* et leur version de *La Fille du Père Noël* de Dutronc. Gainsbourg interprète avec le trio *Les Papillons noirs*, que Michèle Arnaud avait créé en 1966. *Les Papillons noirs* : les idées sombres, une mélancolie passagère. Comme l'écrivait Gertrude Stein, dans *Stanzas in Meditation* (*Strophes en méditation*) : « A broad black butterfly is white with this » (« Un gros papillon noir est blanc avec ceci »). Noir comme les lunettes de Gainsbourg, blanc comme les projecteurs aveuglants et... rose comme *Betty Jane* que le chanteur écrit pour le groupe en 1978. L'année suivante, le quatuor se produit à nouveau sur scène, chante *Des vents, des pets, des boums* (en forçant sur les pets), *Relax Baby Be Cool* et *Aux armes et cætera*. Au Théâtre Mogador, au Palais des Sports, à Paris, à la Bourse du travail de Lyon. Lors de ce concert, le producteur offre un flipper à Gainsbourg : direction, 5 *bis* rue de Verneuil. Cette même année 1979, Bijou interprète *Tapage nocturne*, bande originale du film. La musique est de Gainsbourg. Après vingt ans de carrière (et un album récapitulatif), ainsi qu'une prédilection pour le play-back télévisé, qu'il s'emploie à démystifier en ne faisant parfois pas même semblant de chanter, il a (enfin) dompté la scène. Et va récidiver. Entre-temps, il y a l'été 1977 mais aussi l'été 1978. Gainsbourg va chercher ses tubes saisonniers à Londres : *My Lady Héroïne* (pour le premier) et *Sea, Sex and Sun* (pour le second), démarquage ironico-disco du punky *Sex & Drugs & Rock'n Roll* de Ian Dury & the Blockheads. L'opération dancing moite est réussie...

*French Rock Mania*, 33-tours, 1979, Philips.

Serge Gainsbourg et Bijou au Palace, le 24 octobre 1979.

# 1979

Serge Gainsbourg devant *La Marseillaise*,
Arc de Triomphe, 1980.

# — REGGAE ET CÆTERA

Serge Gainsbourg n'aime pas les idées toutes faites, les vieilles recettes, les clichés rebattus. Les propos qu'il tient depuis les années 1960 sur la chanson française n'ont pas varié : selon lui, c'est le désert, ou presque – si on l'excepte, lui, et quelques autres. Mais la chanson n'est pas en soi l'ennemi. L'ennemi, c'est l'immobilisme. Circulations, nouveauté, dynamisme, tel peut être le credo de Gainsbourg en cette fin des années 1970. Cette position est tenue par l'artiste tout comme par le citoyen qu'il n'a jamais cessé d'être, même s'il prend rarement position publiquement. On adore la scène alors qu'on la détestait ; on vote Giscard quand on déteste Mitterrand. Gainsbourg s'inscrit toujours en creux, position défensive qui permet, le moment venu, de mieux rebondir, de s'affirmer mieux. L'homme est contradictoire dans son quotidien, ses amours, ses désirs, ses affects, ses espoirs hallucinés et ses désespoirs raisonnés ; Gainsbourg, dans ses chansons, l'a suggéré. L'homme n'est rien d'autre que son propre ennemi : destructeur ou autodestructeur. Il s'aime et s'exècre dans un même mouvement. Laideur et beauté font bon ménage. Il n'y a pas de décret : les magazines et leurs avalanches de beautés fatales ne font que suivre, consciemment ou inconsciemment, l'idéologie du moment. Mais les temps changent : si l'on est moins laid qu'on ne le dit, car s'ajoutent charme et séduction, on est (parfois) moins beau qu'on ne le croit, quand ils se retirent. Les temps sont moins binaires. Pour la chanson comme pour la politique et la beauté. Ils appellent (enfin!) la diversité. Et l'éclectisme. Grâce à Philippe Lerichomme, Gainsbourg va découvrir la Jamaïque et le reggae. Cette musique des Caraïbes, dira-t-on, est à la mode, avec Bob Marley and The Wailers ou Peter Tosh. Musique de libération et d'affirmation de l'africanité. Passée à la moulinette de Gainsbourg, il n'en restera guère que le substrat. Mais quel substrat! Avec *Aux armes et cætera*, une star est née !

**1979**
REGGAE ET CÆTERA

# LA DÉCOUVERTE DE LA JAMAÏQUE

Passeport en poche, Serge Gainsbourg débarque au début de l'année 1979 à l'aéroport international de Palisadoes de Kingston, capitale de la Jamaïque. Kingston, c'est une baie et un port. Une vaste zone industrielle, des raffineries de pétrole. Kingston, c'est la capitale mondiale du reggae, importé en Europe dès 1972 grâce à Chris Blackwell, directeur du label anglais Island, qui produit Bob Marley and The Wailers (*Catch a Fire*, *Burnin'* et *Natty Dread*), Burning Spear, Jimmy Cliff ou Linton Kwesi Johnson. Mais pourquoi Gainsbourg sortirait-il un disque de reggae ? C'est Philippe Lerichomme qui en a eu l'idée en entendant… *Marilu Reggae*. Alors, le 12 janvier, débutent les séances d'enregistrement d'*Aux armes et cætera* au studio Dynamic Sounds. Fidèle à lui-même, Gainsbourg a écrit quelques mélodies, mais aucun texte. Les musiciens sont dubitatifs, presque méfiants. Pourtant ce sont des « pointures ». Radcliffe Bryan (guitare), Robbie Shakespeare (basse), Mickey « Mao » Chung (claviers), Sticky Thomson (percussions), Sly Dunbar (batterie) font partie de l'orchestre de Peter Tosh et ont joué avec les plus grands, U Roy, Gregory Isaacs ou Third World, avant de collaborer avec Ian Dury, Grace Jones, Joe Cocker et Bob Dylan. Les I Threes, les trois choristes de Bob Marley, ont pour prénoms Rita (la femme de Bob), Judy (Mowatt) et Marcia (Griffiths). Puis l'atmosphère se détend. Ils connaissent une chanson de Gainsbourg : *Je t'aime moi non plus*. On enregistre rapidement. Deux jours pour l'orchestre, un seul pour les chœurs. Les voix, toute une nuit. *Aux armes et cætera* est né.

Passeport de Serge Gainsbourg.

Brouillon d'une chanson inachevée.

Philippe Lerichomme, Serge Gainsbourg, Jane Birkin et Louis Hazan à l'aéroport de Kingston.

*Je me défonce au vermin agricole de l'alcool pur comme de l'eau de source c'est comme ça que je suis, je me défonce*

# AUX ARMES ET CÆTERA

Reggae, oui, c'est reggae. C'est un tournant. Premier album vendu à plus d'un million d'exemplaires. Bonne année 1979-1980! Or plus platine. Le reggae structure un disque constitué de textes variés. Et de réminiscences. C'est une réplique de *Je t'aime moi non plus* («Cette fois j'crois qu'nous sommes complètement ça y est.../ Mais c'est une question qu'c'est absolument ça n'fait rien») qui ouvre *Pas long feu*, texte prémonitoire. Gainsbourg reprend *La Javanaise*, remplaçant «mon amour» par *love*, qui devient un nom propre (comme l'a suggéré avec justesse Michel Blanchard) abrupt, coupant, annonciateur de violences: on ne suppose pas un suicide, il est vécu. Violences et dégoût: «Une vraie/ Sava/ Lavo/ Paveu» (*Une vraie salope*). Gainsbourg s'est (enfin) mis au javanais... Il reprend aussi la *Marilou* de *L'Homme à tête de chou* avec *Reggae et Dub*, plus fluide et plus incisive. Il reprend encore le tube de Fats Waller, *You Rascal You*, créé en 1951 en français par Jacques Hélian et son orchestre, qu'il chantera en duo avec Eddy Mitchell (*Vieille canaille*). Évocation d'un adultère dérisoire. Peu de sentiments, peu d'ironie: encore une fois, une violence irrépressible. À l'écoute, curieusement, c'est assez drôle: jeu entre un sérieux extrême et une désinvolture affichée. Il reprend enfin *La Marseillaise*. Pour le reste, *Les Locataires*, peuplée d'animaux familiers des appartements, est amusante, comme *Eau et gaz à tous les étages*; *Brigade des stups* affirme sa distance envers la drogue, bien avant *Aux enfants de la chance*, quand *Lola rastaquouère*, qui désigne une prostituée, joue sur les mots: référence au *Jésus-Christ Rastaquouère* de Francis Picabia, référence (lointaine) à la *Lolita* de Nabokov et détournement du rastafari, cet adepte du retour culturel à l'Afrique, alors que le rastaquouère n'est rien d'autre, selon *Le Robert*, qu'un «étranger aux allures voyantes, affichant une richesse suspecte» (de l'espagnol *rastacuero*, qui désigne le parvenu). *Relax Baby Be Cool*, une des meilleures chansons de cet album, est énigmatique. Pourquoi le Klan? Des racistes, certes. La cagoule? Des anti-républicains des années 1930 (et des tueurs) menés par Eugène Deloncle qui fut, paradoxalement, assassiné par la Gestapo. Certes, certes. Mais alors pourquoi apparaît ce bon «Yul/ Brynner» (rejet amusant)? Pour la rime? Sans doute.

Séance d'enregistrement à la Jamaïque de l'album *Aux armes et cætera*, 1979.

Double page suivante: Serge Gainsbourg entouré de ses musiciens jamaïcains, 1979.

allons enfants de la patrie
le jour de gloire est arrivé
contre nous de la tyrannie
l'étendard sanglant est levé
l'étendard sanglant est levé
entendez vous dans nos campagnes
mugir ces feroces soldats
ils viennent jusque dans nos bras
egorger nos fils nos compagnes
aux armes citoyens
formez vos bataillons
marchons marchons
qu un sang impur
abreuve nos sillons

# AUX ARMES ET SCANDALE

Quand Giscard supprimait le jour férié du 8 Mai et modifiait le rythme de *La Marseillaise*, sans que les protestations de l'opposition de gauche empêchent la France de vivre, Gainsbourg chantait… l'hymne national sur des rythmes reggae. Ce fut, là, un scandale. Un Juif n'a donc pas le droit de chanter l'hymne comme il l'entend? C'est ce que des centaines, peut-être des milliers d'auditeurs sous-entendaient. Auditeurs imbéciles, mais qui existent dans ce pays qui n'en a pas encore fini avec la collaboration. Un de ces imbéciles, surtout, éditorialiste au *Figaro Magazine* et futur académicien (il dut prononcer l'éloge de Kessel…), dont Gainsbourg disait avec justesse qu'on n'avait « pas le con d'être aussi droit ». Droit, Michel, c'est lui. Un homme à la rescousse de toutes les déviances réactionnaires de la société française, défenseur de l'hymne par rejet de l'étranger (le reggae au premier chef, et peut-être aussi Gainsbourg). Un républicain (il a été résistant), certes, mais qui n'estime la France qu'à travers l'immuabilité de ses traditions, alors qu'elles sont en évolution constante. Un homme qui parle d'« outrage » et accuse le chanteur de provoquer l'antisémitisme. Gainsbourg, sans prononcer le mot, lui dit merde. Et dit davantage : « Serai-je donc, jusqu'au jour de ma mort […], un Juif de moins en France […], condamné à faire et à refaire inlassablement le flash-back d'un adolescent dans Paris occupé, ou celui, plus proche de mes origines, relaté par mon père à son fils, des pogroms de Nicolas II ? » Gainsbourg pense que *La Marseillaise* est un hymne « d'extrême gauche » repris par « l'extrême droite », en quoi il se méprend : les couplets ont toujours appartenu à la nation, la gauche et la droite se les distribuant politiquement. Il n'en reste pas moins que les parachutistes, qu'il avait ridiculisés dans quelques chansons, s'énervent et perturbent (jusqu'à le faire annuler) un concert à Strasbourg, lieu où Rouget de L'Isle avait créé ce qui se nommait alors *Le Chant des armées du Rhin*. Chanter *La Marseillaise*, c'est être, peu importe la musique qui la recouvre, un citoyen. Gainsbourg s'immisce ainsi dans la polémique historique (depuis, en gros, la Commune de Paris – interdite lors de la Restauration, Louis-Philippe, dit-on, la chantait bouche fermée lors de la monarchie de Juillet) dont Aragon parle dans *Hourrah l'Oural* : « Je salue ici/ *L'Internationale* contre *La Marseillaise*/ Cède le pas ô *Marseillaise*/ à *L'Internationale* car voici/ l'automne de tes jours voici/ l'Octobre où sombrent tes derniers accents. » Gainsbourg, s'il ne pensait pas exactement le contraire, n'entendait guère cette opposition.

Manuscrit de *La Marseillaise* par Serge Gainsbourg.

*Le Journal du dimanche*, 6 janvier 1980.

# Hymne des Marseillais

Allons, enfans de la patrie !
Le jour de gloire est arrivé
Contre nous de la tyrannie
L'étendard sanglant est levé.
Étendez-vous dans les campagnes
Mugir ces féroces soldats ?
Ils viennent jusque dans nos bras
Égorger nos fils, nos compagnes !
Aux armes, Citoyens ! formez vos bataillons ;
Marchez, qu'un sang impur abreuve nos sillons.

Que veut cette horde d'esclaves,
De traîtres, de Rois conjurés ?
Pour qui ces ignobles entraves,
Ces fers dès longtemps préparés ?
Français ! pour nous ah ! quel outrage !
Quels transports il doit exciter !

Manuscrit de *La Marseillaise* (*Hymne des Marseillais*) de Rouget de L'Isle, appartenant à Serge Gainsbourg.

# LA POLITIQUE SELON GAINSBOURG

Ni à droite ni à gauche, Gainsbourg se veut « individualiste non agressif ». La politique comme la revendication sociale l'indiffèrent. « Kossigone j'm'en tamponne/ Et Johnsyne me bassine. » La gauche ? « Adroite. » La droite ? « Un peu gauche. » La gauche ? Le passé équivoque de Mitterrand (et sa réception de la francisque pétainiste). Les communistes et leurs positions très pro-palestiniennes. L'antisémitisme en URSS. Sur ce dernier point comme sur les autres, il n'a pas tort. C'est… Aragon qui rapporte ce « fait extraordinaire du 3 mars 1953, à la tombée du jour, où Staline retrouve avant de mourir la force de signer un décret de déportation de tous les Juifs de Moscou, qui reçut un commencement d'exécution auquel, Staline à peine décédé, Molotov mit fin la nuit même. Rappelant auprès de lui sa propre femme, depuis un an déportée en Sibérie pour des raisons raciales sur l'ordre du dictateur ». Gainsbourg, Juif issu de l'immigration russe, n'est pas sioniste. Mais il a écrit une chanson, *Le Sable et le Soldat*, pendant la guerre d'octobre 1967 (« Oui, je défendrai le sable d'Israël/ La terre d'Israël, les enfants d'Israël/ Tous les Goliaths venus des Pyramides/ Reculeront devant l'étoile de David »). « On m'a demandé de signer des pétitions pour Israël », déclare-t-il, « je l'ai fait. On m'a demandé une chanson, je l'ai faite. Le bobino est parti avec le dernier avion pendant les hostilités, et on l'a utilisé là-bas pour le moral des troupes. » La droite ? Il appelle à voter Giscard lors de l'élection présidentielle de 1974. Geste anti-Mitterrand, anticommuniste (le PC soutient le député de la Nièvre dès le premier tour). Giscard ? « Un homme intègre et assez brillant. » Peut-être… Il avouera plus tard avoir fait une « connerie ». La gauche ? Mai 68, mais avec des « mais ». « J'étais pour eux mais qu'est-ce que j'allais faire : aller gueuler dans les amphis comme tous les autres connards ? J'ai attendu que ça passe en suivant les événements sur le tube cathodique et avec l'air conditionné… » La révolution ? « Bleu de chauffe et rouge de honte. » La droite ? Contre l'extrême droite. La gauche ? Marx ? « *Le Capital* […] un beau bouquin » (*Juif et Dieu*). C'est maigre. Le Vietnam, alors ? « GI Joe/ Tu vas mourir sous le drapeau américain/ GI Joe/ Toutes les rockets auront ta peau américaine » (*GI Joe*, tiré de la comédie

Serge Gainsbourg en compagnie de François Mitterrand, à la garden-party de l'Élysée en 1985.

Serge Gainsbourg à la garden-party de l'Élysée.

musicale *Anna*, 1967). Gainsbourg parodie les militants. Tout militantisme. La comédie des bons contre les méchants. L'antimilitarisme ? *La Jambe de bois (Friedland)*, interdit à la radio. L'anticolonialisme ? *La Nostalgie camarade*. Peut-être, mais sans manichéisme. La droite ? Les flics, les gendarmes, son inscription aux œuvres de la police ? Son impressionnante collection d'insignes ? Les Ginsburg respectaient la loi, l'ordre. Ils étaient, avant tout, républicains. Ils étaient fiers que la République française leur ait accordé la citoyenneté. Gainsbourg aussi, et le demeure. Il n'est pas un artiste engagé (il y a Ferrat ou Ferré), car la chanson n'est pas un lieu où l'on débite des « fadaises » politiques, quand bien même elles sont justes. « President of Rock'n'Roll », comme le chantaient les Treniers ? Même pas. Religieux, Gainsbourg ? Négatif. Pourquoi ? « La religion, c'est très facho. » *No comment…*

Collection de médailles et d'insignes militaires de Serge Gainsbourg.

## DES LAIDS SANS DÉLAIS

Lisez ceci, c'est d'un poète, qui écrivit naguère dans une anthologie du cinéma un article consacré à Serge Gainsbourg : « À la ville comme à l'écran, il cultive le physique ingrat et douteux de son personnage. » Le poète s'appelle Claude Michel Cluny. « Ingrat », pourquoi pas (et encore…), mais « douteux » ? Point de vue du critique qui juge, et qui ne juge que selon ses propres canons de la beauté. Gainsbourg, en soi, est laid. « Quand on m'dit que je suis moche/ J'me marre doucement… », répond le chanteur. Heureusement, la laideur n'existe pas. Ou elle existe lorsque ceux et celles qui sont réputés laids (et cela vaut pour les beaux) ne dégagent aucun charme, aucune sensualité. Gainsbourg n'est ni laid ni beau. Il est. Avec du charme et de la sensualité. La laideur est un critère idéologique qui désigne tout en excluant socialement et culturellement, comme on désignait les Juifs au faciès, pour les éliminer dans les années 1930 et 1940. Gainsbourg, dans les années 1960, est réputé laid, voire sale. « Oreilles perpendiculaires à la tête, paupières énormes, bras misérables. Mais comme dans le cas de Philippe Clay, tant d'horreur sur le visage n'est faite que pour mieux montrer une âme sensible », proclame la presse. Cette pensée est en soi fasciste. On trouve à peu près beau le laid (grâce à la sensibilité) parce qu'il est reconnu, vivant et qu'on peut le voir. On aime son « laid » (empathie exclusive). Gainsbourg ne s'aime pas, il a raison. Pourquoi s'aimer ? « Les plus grandes oreilles de la profession », comme disait Ricet Barrier, gênent les gens. Ces oreilles, ce nez, cette bouche réputés disgracieux. Dans *La Chanson de Maglia*, Gainsbourg le chante : « Vous êtes bien belle et je suis bien laid », « À moi la poussière, à moi l'araignée ». Mais, dit Hugo : « Nous serons heureux », ce qui équivaudra, plus tard, à : « La beauté cachée des laids des laids/ Se voit sans délai délai » (*Des laids, des laids*). Pas besoin de « pompons » aux oreilles (*Laissez-moi tranquille*). Pas besoin de ressembler à l'âne Aliboron. La laideur n'existe pas. Et Gainsbourg, à part lui, le sait, lui qui séduit « les plus belles femmes du monde ». Lui qui est « laid » et qui aime. Aimer et savoir se faire aimer suffisent.

*Le Parisien*, 18 février 1962.

**Jeudi 18 février 1982**
1er quotidien parisien du matin
39e année - n° 11.638
3,00 F

25, avenue Michelet
93408 Saint-Ouen Cedex
252.82.12

# Le Parisien
*libéré*

**SOMMAIRE**
- Bandes dessinées 28
- Bourse 4 • Courses 29 et 30 • Feuilleton 27
- Horoscope 10 • Loterie nationale 8 • Météo 10
- Miroir de Paris 23 et 24
- Petites annonces 25 et 26 • Rapports du loto 8
- Sports 31 et 32 • Télévision 13 à 20.

**4 PAGES PROGRAMME TV-HEBDO**

---

## Téléspectateurs vous avez été entendus
### Les programmes enfin harmonisés

Vous avez été entendus. Les programmes de télévision vont enfin être « harmonisés ». Jacques Boutet, Pierre Desgraupes et Guy Thomas, présidents respectifs de TF1, A2 et FR3, se réunissent cet après-midi pour une première réunion destinée à éviter les « doublons ». Cet essai de coordination n'est certes pas étranger au sondage que nous avons publié, à l'interview de Georges Fillioud, dans laquelle le ministre de la Communication nous affirmait : « Primauté doit être donnée à l'harmonisation », non plus qu'aux propos « élyséens » que nous rapportions vendredi dernier : « Ca n'est tout de même pas le président de la République qui va téléphoner lui-même pour que les responsables comprennent. » Cette défense des téléspectateurs, dont nous avons été le relais permanent, porte donc ses premiers fruits.

## 39 heures
### Le « coup de colère » d'Edmond Maire : « Le gouvernement fait un faux pas » ● PAGE 4

## La belle et la bête face à face

## Policiers et douaniers... ... mêlée ouverte devant l'Elysée

Mêlée de képis, hier en plein Paris, à deux pas de l'Elysée. Les deux « équipes » avaient sensiblement la même tenue, seuls les écussons étaient différents. Face à face, les douaniers venus manifester leur mécontentement et les policiers chargés de préserver la sécurité du Conseil des ministres. L'empoignade a été brève et chacun est reparti à ses occupations au service du même employeur : l'Etat.

### 3 femmes parmi les nouveaux patrons des sociétés nationalisées

Les nationalisations, c'est parti ! La loi votée, puis amendée à la demande du Conseil constitutionnel, il restait à mettre en place les « nouveaux patrons ». C'est maintenant chose faite, depuis le Conseil des ministres d'hier. Des visages nouveaux, pour la plupart, hormis les dirigeants de Rhône-Poulenc et Saint-Gobain.
Parmi les quarante-quatre P.-D.G. nommés à l'Elysée, trois femmes placées aux commandes de trois banques : Lisette Mayret (à gauche) à la Banque Hervet, Christiane Doré (au centre) à la Sofinco-La Hénin, et Hélène Ploix, nommée commissaire du gouvernement de la Banque industrielle et mobilière privée. ● PAGE 2

## Paris S.-G. laisse passer sa chance à Sochaux

**1979**
REGGAE ET CÆTERA

# *TALK-OVER*

Gainsbourg n'a pas de voix, et il le dit. Vian l'affirmait : « Elle est un peu sourde, il a des nasales un peu trop nasales », ajoutant : « Mais il ne chante pas l'opéra, si vous voulez l'opéra, achetez Depraz. » Une voix « trop portée, trop timbrée », disait le chanteur. Il désirait que se crée une distance entre sa voix et le public. Entre sa voix et lui-même. Cette voix, il ne l'a jamais travaillée. Il a du mal avec les graves. C'est normal. Il ne connaît la chorale que *via* les orphelins de Champsfleur. La voix, quoi de plus simple, lorsqu'elle est portée par des textes dignes d'intérêt. On l'oublie. On écoute et on oublie. D'aucuns ont dit que son utilisation du *talk-over* était une solution de facilité parce que, justement, il ne savait pas – ou plus – chanter. Le *talk-over* est une méthode de scansion de la musique. Moins on entend sa voix chanter, mieux c'est ? Non. Il a de fabuleuses interprétations. Mais quand il parle, c'est étonnant. Dans l'*Histoire de Melody Nelson* comme dans *L'Homme à tête de chou*. La voix change, c'est vrai, à mesure qu'il fume et boit. Normal, encore. La voix change et, à la télévision, Gainsbourg chante en play-back avec cette particularité que le chanteur ne le respecte pas. Il ne respecte pas les rythmes. Sa voix se perd. Ne s'entend plus. Il ne joue pas ; il rejette l'artifice. Sa voix est sobre, depuis le début (et contre la mode). Pas d'effets, pas de « r » roulés. C'est grâce à cette sobriété que ses chansons ont un impact, négatif ou positif, peu importe. Lorsqu'il chante *La Marseillaise*, il la chante sobrement (parce qu'il est un citoyen). Seuls les rythmes changent. Tout est là : dans les mouvements du rythme, et dans les vitesses. Et la voix suit. Simplement.

Serge Gainsbourg dans les années 1980.

**1979**
REGGAE ET CÆTERA

# LE PALACE

Charlotte fait des dessins pour son papa. Papa est au Palace, en concert. Palmiers peints fluos. La boîte de nuit de tous ceux qui ont horreur d'être catalogués, à une époque où il est de bon ton de se dire de droite, de gauche, ou bisexuel, ou n'importe quoi. Le Palace échappe à tous les clivages, c'est son avantage. Le Palace est une boîte où tout change, d'un « niveau » à l'autre. Le Palace reçoit (presque) tout un chacun, et aime les *happy few*. Curieux Palace : espace à la fois démocratique et très aristocratique (au sens où le communisme aristocratique perse fait bon ménage avec les utopistes idiots du IV$^e$ arrondissement). Gainsbourg avait raison : le cabaret, c'est faux. Pourquoi le Palace est-il vrai ? Grâce à son artificialité absolue. Poussée à bout, la représentation a des vertus symboliques que la réalité n'a pas. Effervescence du sexe, vue sur l'extérieur, mélange des genres. Gainsbourg se produit donc au Palace, du 22 au 31 décembre 1979 ainsi que le 6 janvier 1980, le soir exclusivement, sans abonnement, sans les I Threes, en tournée avec Bob Marley, mais avec tous les musiciens qui ont enregistré l'album en sa compagnie à Kingston. Il chante, entre autres, *Bonnie and Clyde* (seul), *Docteur Jekyll et Monsieur Hyde* (seul également oui) et *Harley Davidson* (ce qui est une hérésie absolue pour une partie de son public, tant cette chanson semble exclusivement écrite pour une femme). En janvier, il est à Lyon, puis à Bruxelles. Tous les copains sont là : Coluche, Dutronc, Wolfson. Le public aussi. Oui : il y a foule pour le p'tit gars ! Et c'est tant mieux.

Ticket d'entrée pour le concert
de Serge Gainsbourg le 6 janvier 1980 au Palace.

Télégrammes d'encouragements adressés
à Serge Gainsbourg par Kate, Charlotte et Jane,
pour son concert au Palace, janvier 1980.

Dessin de Charlotte Gainsbourg.

```
NNNN
ZCZC TIX100 PDJ070 IDJ072    1544.
PARISC 14/8 22 1543

    SERGE GAINSBOURG
    LE PALACE 3 CITE BERGERE
    PARIS009

    MERDE PAPA ON T EMBRASSE
        KATE ET CHARLOTTE

    COL 3 PARIS009
```

```
NNNN
ZCZC TIX101 PDJ071 IDJ073    1545
PARISC 14/8 22 1544

    SERGE GAINSBOURG
    LE PALACE 3 CITE BERGERE
    PARIS009

    KISSES KISSES KISSES KISSES KISSES KISSES KISSES
        JANE

    COL 3 PARIS009
```

Serge Gainsbourg,
Charlotte et Jacques Dutronc.

Serge Gainsbourg et Coluche.

Procès-verbal dressé par
Serge Gainsbourg et Jacques Dutronc,
le 4 mars 1987 avec la complicité
de la police. Les deux amis avaient
pour plaisir de se faire coffrer et
verbaliser ensemble...

| DESTINATAIRE | RÉSERVÉ AU PARQUET |
|---|---|
| PARQUET de PARIS<br>15 ème Section<br>RÉFÉRENCE DU DESTINATAIRE | |

RÉPUBLIQUE FRANÇAISE

PRÉFECTURE DE POLICE

DIRECTION
de la
POLICE JUDICIAIRE

SERVICE

15 ème DIVISION de
POLICE JUDICIAIRE

Cor N°
Rép N°

Délit : à une place

Aff. C/ X... dit DUTRONC et GAINSBOURG.

Con Fron Tation.

*[signatures]*

VU et TRANSMIS
le
Le Commissaire DELAISDEU
Chef de Service
(et des sévices)

# PROCÈS-VERBAL

L'an mil neuf cent -quatre-vingt-sept

le    quatre mars

à    dix-sept    heures trente

Nous    J-S. DUGAINS
Inspecteur de Police

Officier de Police Judiciaire,

GAINSBOURG et DUTRONC, vous avez des marques de piquouses à la saignée du coude gauche.
Explications.

GAINSBARD (quinze bars dans la journée) (dixit DUTRONC)
Réponse de l'accusé GAINSBOURG :
"J'ai déjà donné".
"DUTRONC ajoute pour sa défense ... personnelle.

GAINSBOURG : "Affirmatif".

DUTRONC : "C'est lui".

GAINSBOURG : "C'est l'autre !"

DUTRONC (pour les pauvres) : "C'est pas nous".

GAINSBOURG : "Je lime, je lime, je lime, mon barreau

DUTRONC : "Deux chaises".

GAINSBOURG et DUTRONC "C'est lui qui pète et c'est moi qui pue".

DUTRONC et GAINSBOURG : "C'est lui qui pute et c'est moi qui pèse".

DUTRONC : "Pas après lui";

GAINSBOURG : "J'ai le nègre au guichet, j'vais faire caca".

DUTRONC : "Papier cul, d'identité."

Après lecture faite par eux-même, les nommés DUTRONC et GAINSBOURG (GAINSBOURG et DUTRONC), incestent et insistent avec nous, à dix-huit heures.

J. DUTRONC :    S. GAINSBOURG :    L'INSPECTEUR de
POLICE :

# 1980
# 1991

Serge Gainsbourg pendant
la cérémonie des César, 1986.

# — IL N'Y A JAMAIS DE FIN

La vie est une vaste mascarade. Ceux qui accèdent à la notoriété le savent. Gainsbourg, lorsqu'il devient Gainsbarre, attire les parasites, ceux qui n'aiment ni ses textes ni sa musique, attriste ceux qui estiment son œuvre. Pourquoi ? Parce que l'actualité devient primordiale (le public finit par apprécier les « dérives » : esprit mortifère) au détriment de l'inactualité, de l'art. Gainsbourg est jaugé non plus pour ce qu'il est en tant que chanteur, mais pour ce qu'il vaut en tant qu'être humain : provocateur, fumeur, baiseur, buveur, et parfois même, disent les mauvaises langues, drogué ! Les hommes, d'habitude, se cachent, ne désirent pas qu'on sache leurs turpitudes. Gainsbourg, en ces années 1980, fait preuve d'un excès de sincérité. Il se montre. Mieux, il s'exhibe et s'exhibe encore, tel un 45-tours un peu rayé. Face A, Gainsbourg, l'auteur de trois disques pendant cette période, l'amoureux, le papa. Face B, Gainsbarre, le provocateur, le Milord l'Arsouille de la chanson. Lorsqu'on est vivant, être un mythe est interdit ; cela se paie le plus souvent au prix fort. On est adoubé, adoré (face A), on est vilipendé, exécré (face B). La morale du public est paradoxale, constituée de haines et d'amours. On va voir le « phénomène » Gainsbarre. Mais le phénomène ne présente aucun intérêt. Gottfried Benn, le poète allemand (et quelque temps nazi), a écrit un texte magnifique sur la dégénérescence : elle était selon lui le moteur de la création, ce qui lui valut de subir les foudres du ministère hitlérien de la Culture. « Boire n'a pas le sens d'absorption conventionnelle de liquide, comme par exemple chez Goethe, qui but toute sa vie une ou deux bouteilles de vin par jour, mais boire dans l'intention expresse de s'enivrer ; *l'opium* : Shelley, Heine, de Quincey[...], Coleridge, Poe ; *l'absinthe* : Musset, Wilde ; *l'éther* : Maupassant [...], Jean Lorrain ; *le haschisch* : Baudelaire, Gautier ; *l'alcool* : Alexandre [...], Socrate, Sénèque, Alcibiade, Caton, Septime Sévère [...], César, Mohammed II le Grand [...], Steen, Rembrandt, Caracci, Barbatello, Poccetti, Li Taï-po [...], Burns, Gluck [...], le poète Schubart, Schubert [...], Nerval, Le Tasse, Händel, Dussek, G. Keller, Hoffmann, Poe, Musset, Verlaine, Lamb, Mürger, Grabbe, Lenz, Jean Paul, Reuter [...], Scheffel, Reger, Beethoven [...]. » Alors mourir. Mourir. Drôle de mot.

**1980 – 1991**
IL N'Y A JAMAIS DE FIN

# LA MYTHOLOGIE GAINSBARRE

Trois hommes : Ginsburg, Gainsbourg et Gainsbarre. Lesquels sont vrais (si tant est que l'adjectif renferme une quelconque vérité) ? Les deux premiers, assurément. L'autre, c'est une marionnette comme le monde de la communication se fait fort d'en fabriquer. La marionnette aime la provocation. Pourquoi pas ? Mais la provocation est un gant qui se retourne facilement contre son auteur. On peut brûler un billet de 100 dinars en Yougoslavie. C'est autre chose de brûler un billet de 500 francs devant des caméras de télévision. On peut se faire expulser de cet ancien pays du socialisme réel et autogéré. On ne fait guère que la une des journaux après un *7 sur 7* forcément mémorable. Faire la une est un sport international. Gainsbarre y réussit pleinement. Il est enfin *autre chose* qu'un chanteur. Il est une chose. On peut traiter de blaireau Guy Béart parce qu'il se prend pour un poète. On peut traiter Catherine Ringer des Rita Mitsouko de salope (cela la renvoie à son passé, et c'est grossier). On peut lancer à Whitney Houston : « I want to fuck you. » C'est un peu de langage dont on se débarrasse. Et un peu de notoriété (forcément négative) dont on peut se prévaloir. Gainsbarre, c'est Mr Hyde. Le « mauvais génie qu'il [a] en lui ». Au fond, pourquoi juger ? On est « un grand méchant loup » quand on a achevé de se haïr, quand l'autre qui est en soi, celui qui subjugue, que l'on voudrait à la fois abolir et cultiver, sinon respecter, exprime une indicible détresse. L'homme est incomplet, il faut le savoir. L'incomplétude est un bonheur. Il faut le savoir aussi. Sinon, c'est Gainsbarre. Et il n'y a plus que lui.

Serge Gainsbourg à *7 sur 7*
le 11 mars 1984.

*Le Meilleur*, 1989.

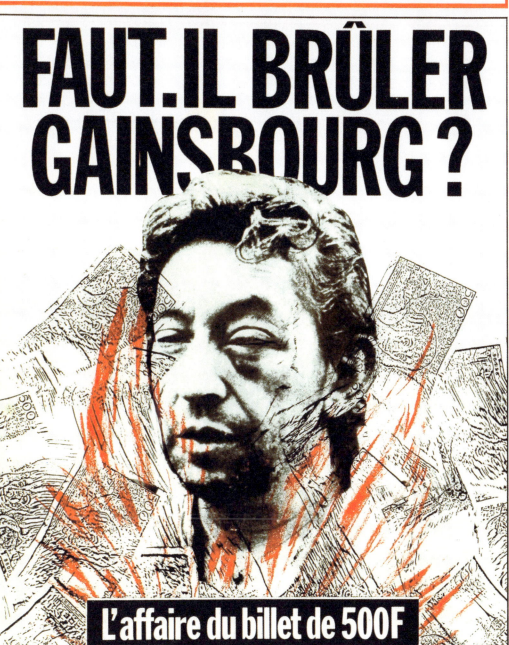

**1980 - 1991**
IL N'Y A JAMAIS DE FIN

# BOIS, CLOPE ET TAIS-TOI

Lors de ses entretiens avec Claire Parnet, Gilles Deleuze parle avec sagacité du rapport à l'alcool et du dernier verre qui n'en finit jamais d'être le dernier. Gainsbourg, c'est, entre autres, le « 102 » – double pastis. Le dernier verre n'est jamais le dernier : on se tue avant. Le dernier verre, c'est un rêve, une élucubration de l'esprit. On n'en finit jamais avec l'alcool, même si l'on devient sobre. On y pense à chaque instant. Gainsbourg n'est pas devenu sobre. Comme tout alcoolique, il désirait arrêter. On veut toujours arrêter. On le sait : lorsqu'on boit, on est absent, triste, sans humour et violent. Gainsbourg pense que l'alcool le rend drôle. Il a raison. L'ébriété, dans sa phase ascendante, stimule la verve de celui qui possède le sens de l'humour. Les inhibitions sont levées. Mais cela ne dure pas. Malheureusement. Boire et fumer, c'est la même chose. Un verre, une clope. Une clope, un verre. Gainsbourg voulait, quand il était jeune, fumer pour se vieillir. On ne vieillit pas quand on est jeune. On vieillit plus vite ensuite quand on fume, quand on boit, voilà tout. Cela n'empêche pas de créer. Il y a un moment où l'on dort. Dormir pour re-fumer, re-boire. On fait du mal aux femmes qu'on aime, Gainsbourg le premier. Cependant aimer n'est pas suffisant ; s'il faut assumer l'amour, il faut encore s'assumer soi. Quand celle qui ne trouve plus dans l'amour qu'un grand vide s'en va, elle s'en va non par dépit, non par déception, mais par amour justement, pour préserver l'amour qui demeure en elle. Ainsi fit Jane, un jour de 1980, elle partit. Elle partit parce qu'elle aimait un cinéaste nommé Jacques Doillon. L'autodestruction a un avantage : on est seul. On ne détruit l'autre que par tristesse. « Pauvre alcoolo », disait Gainsbourg dans *L'Éthylique*, « Faut toujours qu'il se cuite/ Pourquoi/ Pauvre éthéro/ Éternellement en fuite/ De quoi. »

Portrait de Serge Gainsbourg par Charlotte.

Paquet de Gitanes de Serge Gainsbourg.

Carte de dosages pour cocktails de Serge Gainsbourg.

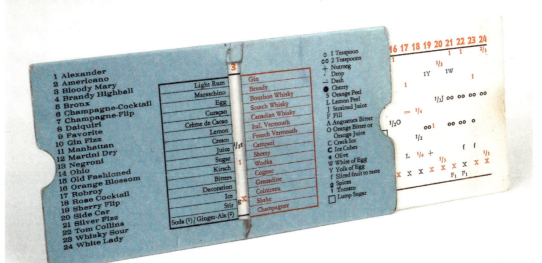

... ainsi dégagé de tout souci matériel je me remis à
ma peinture. J'acquis bientôt une telle virtuosité que je
me sentais en mesure d'attraper comme le préconise Delacroix
"un ouvrier tombant d'un échaffaudage" mais un jour que
voulant prouver ma maîtrise j'étudiais des aiguilles à coudre
que je dessinais d'un seul trait de plume, plein, délié
suivi d'un plein, afin d'en marquer le choc, une déflagration
gazeuse particulièrement violente brisa un carreau de la
verrière et fit trembler ma main comme celle d'un enfant
atteint d'électrolepsie. Je contemplais d'abord les débris
de verre épars à mes pieds puis relevant les yeux sur mon
dessin, je m'arretais fasciné. Mon bras venait de fonctionner
comme un séismographe.

A l'analyse, la fulgurante beauté de ce croquis paraissait
émaner d'une sensibilité dangereusement exacerbée par
quelque excitant médicamenteux, identique qu'il était à ces
tracés électroencéphalographiques d'épileptiques, tracés
dont les ondes rythmiques paroxystiques correspondaient
parfaitement avec les angles suraigus de son parcours.
Similitude troublante qui me laissa pantois.
Ainsi me disais-je dans l'obscurité de la nuit alors qu'en
vain je cherchais le sommeil, les pestilences prémonitoires
de ma mort corporelle allaient ce qu'il y avait de
plus pur, de plus vivant et de plus ironique dans le tréfons
de mon esprit créatif et après tant d'années vouées à la
technique picturale, tant de jours passés à émettre mes
gaz face aux cimaises d'où suintait sous les glaces le génie
des grands maîtres, cette ligne frêle et tortueuse venait
de me débarasser à jamais de mes inhibitions.

## *EVGUÉNIE SOKOLOV*

Le pétomane est un homme à part. Il y en eut un, à la fin du XIXe siècle, qui se nommait Joseph Pujol. Il officiait au Moulin Rouge, parlait, chantait du derrière, et terminait son numéro en soufflant... une bougie. Il y en a un autre. Son patronyme est russe. Il est publié en 1980 chez Gallimard et s'appelle Evguénie Sokolov. Et c'est un roman. Histoire (transitoire) d'un peintre pétomane qui paie au prix fort le succès que lui apporte le génie. Moins un livre où l'auteur se défoulerait, espérant provoquer le « bourgeois » avec un sujet de cet ordre qui élève la pétomanie au rang des beaux-arts pestilentiels, qu'une parabole sur l'indicible solitude du créateur (en quoi l'ouvrage est aussi partiellement autobiographique) et une diatribe, selon Gainsbourg, « contre les arrivismes ». L'ouvrage est aussi drôle que sérieux. Drôle, car le personnage que campe Sokolov est abracadabrant, sorte d'expression en mouvement des flatulences les plus diverses, un catalogue ambulant des bruits et des odeurs ; sérieux, car Gainsbourg a consulté moult traités de pathologie digestive, désirant que le lexique qu'il emploie soit précis. Court texte qui n'est pas à ce point brillant qu'il devienne un chef-d'œuvre de la littérature, *Evguénie Sokolov* réjouit pourtant par sa concision, son comique et sa verve, tout autant que les aphorismes du chanteur colligés par Franck Lhomeau et Alain Coelho dans *Serge Gainsbourg au pays des malices*. La critique, bien entendu, s'acharne une fois de plus. Bayon, dans *Libération*, est direct : « Pourri pour pourri, j'ai ouvert, lu, et refermé *Evguénie Trucmuch* de Serge Machin. » Il ne voit dans l'opus que jargon et « tous les clichés d'apprenti écrivain », bien que Lucien Rioux ait intronisé Gainsbourg « poète » en 1968 chez Seghers. Evguénie Sokolov, quel drôle de nom... Un ministre de la Défense soviétique se nomma bien Sokolovski... Dans ses *Œuvres poétiques complètes*, Aragon évoque la page de garde des épreuves de *Colliers* d'Elsa Triolet. L'imprimeur de l'écrivain en Union soviétique s'appelait... Eugénia Sokolova et devait envoyer, en date du 26 mars 1933, les épreuves à l'auteur. Or le livre ne vit jamais le jour au pays des soviets. Curieuse coïncidence...

Tapuscrit corrigé d'*Evguénie Sokolov*.

## MAUVAISES NOUVELLES DES ÉTOILES

Inspiré par le succès foudroyant de *Aux armes et cætera*, *Mauvaises nouvelles des étoiles*, le second (et dernier) album reggae de Serge Gainsbourg, sort en 1981. Mêmes musiciens, mêmes choristes. Seules les Bahamas se substituent à Kingston. Il enregistre dans une mauvaise ambiance, dit-on, dans les studios Island, maison de disques de Chris Blackwell, l'importateur du reggae en Angleterre. La tonalité de l'album est franchement autobiographique. Dans *Ecce homo* (qui atteindra la cinquième place du hit-parade) apparaît le personnage de Gainsbarre, « ses jeans [...] sa bar/ Be de trois nuits ses cigares/ Et ses coups de cafard ». Un écorché vif, « le cœur percé de part en part ». Ou cloué sur le « Golgothar » tel un Christ moderne. Quant à Evguénie Sokolov, son double pétomane, il apparaît à nouveau. La chanson est simpliste, composée qu'elle est de pets imités à la perfection. *Overseas Telegram* est un hommage à Jane Birkin, à qui Gainsbourg envoya effectivement un télégramme après leur rencontre. Le texte est subtil, sensible, de loin supérieur aux autres chansons de l'album. *Shush Shush Charlotte*, inspirée de *Hush... Hush, Sweet Charlotte* (1965), polar de Robert Aldrich avec Bette Davis et Joseph Cotten, ne vaut pas *La Poupée qui fait*, également dédiée à sa fille, mais possède une dimension plus tragique : « Celui qui est aux manettes à la régie finale/ Une nuit me rappellera dans les étoiles. » Les nouvelles sont en effet mauvaises. Le Négus, icône des rastafaris et despote éthiopien, a été renversé quelques années plus tôt par des militaires « rouges », moins communistes que sanguinaires (*Negusa Nagast*). La nostalgie colonialiste n'est plus ce qu'elle était (*La Nostalgie camarade*). Évocation de mondes en perdition. Les I Threes n'y peuvent rien, et répètent « *Bad news from the stars* », comme pour conjurer le sort.

Hailé Sélassié, empereur d'Éthiopie.

*Mauvaises nouvelles des étoiles*, 33-tours, 1981, Philips.

## BAMBOU

Les étoiles apportent aussi de bonnes nouvelles. Elle s'appelle Caroline. On la surnomme Bambou. Elle a 21 ans. Elle est mannequin chez Paris-Planning. Elle a fait un peu de cinéma, notamment dans *L'Enfant secret* de Philippe Garrel, dont le tournage avait été entrepris dès 1979, et qui reçoit le prix Jean-Vigo en 1982. Elle rencontre Serge Gainsbourg. Elle danse pour lui lors d'une inénarrable émission des *Enfants du rock*, peuplée de jeunes femmes dénudées jusqu'à la ceinture. Elle posera pour lui pour le livre *Bambou et les poupées*. Il lui écrira en 1989 un album, *Made in China*. Elle décrira plus tard, en mémoire de lui, ses accoutrements de dandy : « Aux pieds, il portait des Repetto blanches ou noires avec son smoking. Pas de chaussettes avec les blanches, des chaussettes noires avec les noires. Pas de caleçon, pas de slip, il n'aimait pas les pansements. Une montre Rolex ou la plus petite montre Cartier. Aux doigts, l'alliance de Jane, l'alliance de Bardot, et cinq alliances que je lui avais offertes, en platine, etc. » Mais surtout, elle met au monde, le 5 janvier 1986, un enfant de lui, un Lucien junior, Lulu pour les intimes. « Enfant de l'amour/ Portrait de Gainsbourg/ Deux cent soixante-dix jours à ce jour/ Lulu/ J'ai lu/ Dans tes grands yeux de velours/ Tant d'amour [...]/ Tu es comme moi/ Comme moi/ Tié chinois/ Mais tu as l'âme sla/ Ve de papa. » Il y a de la part de Gainsbourg l'absolu désir de renaître, afin que se perpétuent après sa mort son nom et son prénom, le choix de Lucien exprimant symboliquement l'équilibre enfin trouvé entre sa culture d'origine et sa culture d'adoption.

Bambou et Lulu, 1986.

Bambou et Serge Gainsbourg au Casino de Paris.

## *LOVE ON THE BEAT*

En avril 1984, Serge Gainsbourg s'envole pour New York. Lui qui interprétait *J'ai vu New York* sans y avoir mis les pieds... Il enregistre son nouvel album, *Love on the Beat*, dans le New Jersey et le mixe à Manhattan, au Power Station, en une dizaine de jours (la sortie de l'album a lieu en octobre), avec Billy Rush aux claviers et à la batterie, Larry Fast aux synthétiseurs, Stan Harrison au saxophone et les Simms Brothers pour les voix. La tonalité musicale, pour la première fois, est funk. Et le propos de plus en plus autobiographique, comme si Gainsbourg voulait se débarrasser de pans entiers de son existence en les livrant au public, la sexualité vécue ou fantasmée demeurant un thème prépondérant. Le travestissement, d'abord, avec la pochette qui montre Gainsbourg en travesti, clin d'œil à son passage chez Madame Arthur. L'hétérosexualité, ensuite. *Love on the Beat*, titre qui joue bien entendu sur ce dernier mot, est un hymne rempli de métaphores à la « baise » et à son « overdose ». L'homosexualité, encore. *Kiss me Hardy* – dernières paroles que l'amiral Nelson aurait prononcées lors de la bataille de Trafalgar à l'adresse de son amant (bien que les dictionnaires ne retiennent que le patriotique « Grâce à Dieu, j'ai fait mon devoir ») –, où le narrateur, intrépide et robuste (deux traductions possibles de *hardy*), tout droit sorti d'un tableau de Francis Bacon, imagine d'incessantes tribulations sexuelles. L'inceste, enfin, avec *Lemon Incest* (jeu de mots sur « zeste » et « inceste »), dont le thème s'inspire de l'*Étude n° 3* de Chopin et qu'il chante avec sa fille Charlotte. Le clip les montre sur un lit, tous deux vêtus de denim, elle le haut, lui le bas. Étrangement, le premier plan, en plongée, ressemble à celui de « la moustiquaire » (avec Francis Huster et Barbara Sukowa) dans *Équateur*. *No Comment* est une synthèse des quatre (à quoi s'ajoute la pédophilie ou bien plutôt le lolitisme) et décrit « l'obsédé affirmatif sexuel » que Gainsbourg veut bien être, aussi impudique textuel dans ses chansons qu'excessivement pudique dans sa vie privée. *I'm the Boy* est un retour sur soi (et une citation de Joyce : « I'm the boy that can enjoy invisibility »), « ombre parmi les ombres », « masque parmi

*Love on the Beat*, 33-tours, 1984, Philips.

les masques », « recherchant les symptômes/ D'orgasmes illusoires ». Comme *Hmm hmm hmm* revient sur la création. Le chanteur ne se fait aucune illusion : il n'est ni Poe, ni Rimbaud, ni Artaud : « Ouais le génie ça démarre tôt/ Mais y a des fois ça rend marteau », vers à la rime facile. Il y eut pourtant, bien avant la « trouvaille » de Gainsbourg, un précédent. Au cours d'une lecture lettriste, dans les années 1950, Jean-Louis Brau, « compagnon de route » d'Isidore Isou, lisait un poème devant Elsa Triolet. Dédaigneuse, elle dit : « Il aime Artaud. » Certains comprirent « il est marteau », et la manifestation dégénéra en bagarre générale ! Le 14 juillet 1985, Paris se couvre d'affiches reprenant la photo de Gainsbourg en travesti. Il respecte les traditions. Et ses souvenirs. En octobre, il « fait » le Casino de Paris. Puis part en tournée. C'était la sienne. Olga, sa mère, était morte en mars.

Serge Gainsbourg et Charlotte pendant le tournage
du vidéoclip de *Lemon Incest*, août 1985.

# *YOU'RE UNDER ARREST*

Second album funk de Gainsbourg, dernier album aussi (en dehors des live et des anthologies), *You're Under Arrest* est enregistré à New York en 1987 et sort la même année. Quatrième album (presque) concept, après l'*Histoire de Melody Nelson*, *L'Homme à tête de chou* et *Rock Around the Bunker*. Toujours funk. Gainsbourg se produit au Zénith en 1988, puis entame une dernière tournée qui le conduira jusqu'au Japon. *You're Under Arrest* raconte des bribes de l'histoire sexuelle de Samantha, qui parmi six petites pisseuses (*Five Easy Pisseuses* dont le titre s'inspire de *Five Easy Pieces* (1970) de Bob Raffelson, avec Jack Nicholson, et peut-être des *Cinq pièces faciles pour piano* (1917) de Stravinsky) est la préférée du narrateur, un légionnaire. Samantha, lolita new-yorkaise, dont «les petites socks/ [Le] mettent en erex». Ce qui lui vaut une arrestation? Pas du tout: «Ils m'relâchent ainsi donc/ J'enfonce dans le Bronx/ Retrouver Samantha [...]» (*You're Under Arrest*, dont le début est rap). Parce qu'il est le meilleur… Le sexe masculin, qui, dans *Mauvaises nouvelles des étoiles*, répondait au nom enfantin de «Mickey Maousse», est devenu un *shotgun* (un fusil de chasse) dans la chanson éponyme. Histoire de baise, et non d'amour. Histoire d'un engloutissement. Histoire qui ne mène nulle part. Mais histoires de mort, aussi, avec *Gloomy Sunday*, reprise de *Sombre dimanche* de Damia (également chantée par Billie Holiday), et *Mon légionnaire*, reprise d'Édith Piaf. *Aux enfants de la chance*, réminiscence d'un nom de cabaret où son père travailla avant guerre, veut «casser la gueule aux dealers/ Qui dans l'ombre attendent leur/ Heure/ L'hor/ Reur/ D'mi/ Nuit». Histoire du quotidien mêlée à celle de Samantha. La *dispatch box*, c'est la mallette que Gainsbourg trimbalait partout. C'est aussi la tribune d'où parlent les députés anglais aux Communes! *Dispatch box*. Au fond, plutôt *dispatch case*. Mais cela n'a pas d'importance. Samantha, «ras l'cul de toi».

Partition de *Sombre dimanche*, annotée par Serge Gainsbourg.

# SOMBRE DIMANCHE
## (SZOMORÚ VASÁRNAP)

Paroles hongroises de
**JÁVOR LÁSZLÓ**
Paroles françaises de
**JEAN MARÈZE &
FRANÇOIS-EUGÈNE GONDA**

Musique de
**SERESS REZSŐ**

Copyright 1933 by «CZARDAS» Budapest.
Copyright 1936 by Éditions Le Petit Duc Paris.
Copyright assigned 1951 to
LES NOUVELLES ÉDITIONS MERIDIAN
5, rue Lincoln, Paris. (8e)
Pour la France, Belgique et Colonies, Luxembourg, Suisse française.

SOUTHERN-BELGIUM
13, Rue de la Madeleine, Bruxelles.

Imprimé en France
Tous droits réservés
pour tous pays
N.M. 1452

*Je veux que l'on m'enterre dans ma rolls*

*Gainsbourg*

*ps cachet double tour le fossoyeur*

# « PEU M'IMPORTE DE MOURIR… »

« Je ferai/ Pas long feu pas long feu/ Pas long feu ici/ Pas long feu pas long feu/ Pas long feu dans cette chienne de vie/ Pas long feu » (*Pas long feu*). Serge Gainsbourg va avoir 63 ans dans un mois. Il vit seul dans sa maison de la rue de Verneuil. Une fin d'après-midi ou un début de soirée, le 2 mars 1991. Serge Gainsbourg est mort. Crise cardiaque. « Je veux que l'on m'enterre dans ma Rolls. » Mais il l'a vendue. Pas de « cachet double » pour le fossoyeur. Vivant, on lui avait accordé ce qu'on accorde aux morts : une intégrale de ses chansons, en 1989 (car « Gainsbourg [ne pouvait attendre] d'être mort pour être immortel »), une mention dans le *Grand Larousse encyclopédique* : « Doué d'un humour grinçant et subtil, il a su imposer au public un personnage de désinvolte désenchanté et sardonique qui cache une très vive sensibilité. » Gainsbourg est mort. Et c'est la fin du monde. « Pour une seule personne », disait-il. Il est redevenu le petit garçon qui arpentait la rue Chaptal et collait son nez devant la vitrine de l'épicerie-friandises. Il est Lucien et Serge, Ginsburg et Gainsbourg, dans un même temps et un même espace. Dans un même mouvement. Il n'est pas loin. On le voit partout. Il a fait la peau de M. Gainsbarre. Gainsbarre et ses clopes et ses cocktails et son pastis et ses provocations. Il est seul et timide. Beaucoup d'humour, beaucoup de silence. Il n'est pas au c… (chut ! il est des mots qu'on ne prononce pas) du Montparnasse. Il est ici, hors du temps, de tous les temps. On dit qu'il est « international » (merci Jane, à qui il a donné en 1987 *Lost Song* et en 1990 *Amour des feintes*, deux albums somptueux). Il écrit son prochain album en prose. Et il rit. Il s'est embarqué en douce sur le *France*, lors de sa croisière inaugurale. Il danse la *Valse de l'au-revoir* qu'il avait écrite pour Gréco. Serge Gainsbourg est mort. C'est Bambou qui l'a trouvé.

Notes manuscrites de Serge Gainsbourg.

Graffitis sur la maison de Serge Gainsbourg,
rue de Verneuil, septembre 1991.

# — DISCOGRAPHIE

**1958**
- *Du chant à la une !...*
(33 t. 25 cm) Philips
- *Le Poinçonneur des Lilas*
(45 t.) Philips
- *La Jambe de bois (Friedland)*
(45 t.) Philips

**1959**
- *N°2* (33 t. 25 cm) Philips
- *Le Claqueur de doigts* (45 t.) Philips
- *L'Anthracite* (45 t.) Philips

**1960**
- B.O. du film *L'Eau à la bouche*
(45 t.) Philips
- B.O. du film *Les Loups dans la bergerie* (45 t.) Philips
- *Romantique 60* (45 t.) Philips

**1961**
- *L'Étonnant Serge Gainsbourg*
(33 t. 25 cm) Philips
- *La Chanson de Prévert* (45 t.) Philips
- *Les Oubliettes* (45 t.) Philips

**1962**
- *N°4* (33 t. 25 cm) Philips
- *Les Goémons* (45 t.) Philips
- *Requiem pour un twisteur* (45 t.) Philips

**1963**
- *Vilaine fille, mauvais garçon*
(45 t.) Philips
- B.O. du film *Strip-tease* (45 t.) Philips
- *Chez les yé-yé* (45 t.) Philips

**1964**
- *Gainsbourg confidentiel*
(33 t. 30 cm) Philips
- B.O. du film *Comment trouvez-vous ma sœur ?* (45 t.) Philips
- *Gainsbourg Percussions*
(33 t. 30 cm) Philips

- *Couleur café* (45 t.) Philips
- *Machins choses* (45 t.) Philips
- *Joanna* (45 t.) Philips

**1966**
- *Qui est « in » qui est « out »*
(45 t.) Philips

**1967**
- B.O. de la comédie musicale *Anna*
(33 t.) Philips
- *Comic Strip* (45 t.) Philips
- Extrait de la B.O. de la comédie musicale *Anna* (45 t.) Philips
- B.O. du film *Toutes folles de lui*
(45 t.) Barclay
- B.O. du feuilleton télévisé *Vidocq*
(45 t.) Philips
- B.O. du film *L'Horizon* (45 t.) Riviera

**1968**
- Brigitte Bardot et Serge Gainsbourg
*Bonnie and Clyde* (33 t.) Fontana
- Brigitte Bardot et Serge Gainsbourg
*Bonnie and Clyde* (45 t.) Fontana
- Brigitte Bardot et Serge Gainsbourg
*Initials B.B.* (33 t.) Philips
- Brigitte Bardot et Serge Gainsbourg
*Initials B.B.* (45 t.) Philips
- B.O. du film *Ce sacré grand-père*
(45 t.) Philips
- B.O. du film *Manon 70* (45 t.) Philips
- B.O. du film *Le Pacha* (45 t.) Philips

**1969**
- B.O. du film *Mister Freedom*
(45 t.) Barclay
- B.O. du film *Slogan* (45 t.) Philips
- Jane Birkin et Serge Gainsbourg
*Je t'aime moi non plus* (45 t.) Fontana puis disc'AZ
- Jane Birkin et Serge Gainsbourg
*Jane Birkin – Serge Gainsbourg* (33 t.) Fontana

- Jane Birkin et Serge Gainsbourg
*69 année érotique* (45 t.) Fontana
- Jane Birkin et Serge Gainsbourg
*Élisa* (45 t.) Philips

**1970**
- B.O. du film *Cannabis* (33 t.) Philips
- B.O. du film *Cannabis* (45 t.) Philips
- Générique français du film
*Un petit garçon nommé Charlie Brown*
(45 t.) Philips

**1971**
- *Histoire de Melody Nelson*
(33 t.) Philips
- *Ballade de Melody Nelson*
(45 t.) Philips
- *La Décadanse* (45 t.) Philips

**1972**
- B.O. du film *Sex-Shop* (45 t.) Fontana
- B.O. du film *Trop jolies pour être honnêtes* (45 t.) Fontana

**1975**
- *Rock Around the Bunker*
(33 t.) Philips
- *Rock Around the Bunker*
(45 t.) Philips
- *L'Ami Caouette* (45 t.) Philips

**1976**
- B.O. du film *Je t'aime moi non plus*
(33 t.) Philips
- B.O. du film *Je t'aime moi non plus*
(45 t.) Philips
- *L'Homme à tête de chou*
(33 t.) Philips
- *Marilou sous la neige* (45 t.)
Philips

**1977**
- B.O. du film *Madame Claude*
(33 t.) Philips

# DISCOGRAPHIE

- Extrait de la B.O. du film *Madame Claude* (45 t.) Philips
- Extrait de la B.O. du film *Good-bye Emmanuelle* (45 t.) Philips
- *My Lady Héroïne* (45 t.) Philips
- Extrait de la B.O. du film *Vous n'aurez pas l'Alsace et la Lorraine* (45 t.) Déesse
- B.O. du film *Les Bronzés* (45 t.) Philips

**1979**
- *Aux armes et cætera* (33 t.) Philips
- *Aux armes et cætera* (45 t.) Philips
- *Vieille canaille* (45 t.) Philips
- *Des laids des laids* (45 t.) Philips

**1980**
- Enregistrement public au théâtre Le Palace (33 t.) Philips
- *Harley Davidson* (45 t.) Philips (live)
- B.O. du film *Je vous aime* (33 t.) Philips
- Extrait de la B.O. du film *Je vous aime* (45 t.) Philips

**1981**
- B.O. du court-métrage *Le Physique et le Figuré* (45 t.) Philips
- *Mauvaises nouvelles des étoiles* (33 t.) Philips
- *Ecce homo* (45 t.) Philips
- *Bana basadi balado* (45 t.) Philips

**1984**
- *Love on the Beat* (33 t.) Philips
- *Love on the Beat 33 tours interview* (33 t.) Philips
- *Love on the Beat* (45 t.) Philips

**1985**
- *No Comment* (45 t.) Philips
- *Lemon Incest* (45 t.) Philips

**1986**
- *Live* (33 t.) Philips
- *Sorry Angel* (45 t.) Philips
- *My Lady Héroïne* (45 t.) Philips
- B.O. du film *Tenue de soirée* (33 t.) Apache/WEA

**1987**
- *You're Under Arrest* (33 t.) Philips
- *You're Under Arrest* (45 t.) Philips

**1988**
- *Aux enfants de la chance* (45 t.) Philips
- *Mon légionnaire* (45 t.) Philips

**1989**
- *Le Zénith de Gainsbourg* (double 33 t.) Philips
- *De Gainsbourg à Gainsbarre* (Intégrale : 9 CD ou 9 cassettes) Philips

**1990**
- B.O. du film *Stan the Flasher* (45 t.) Philips

**1991**
- *Requiem pour un con – Remix 91* (45 t.) Philips

# — SOURCES ET CITATIONS

**p. 14**
- *Le Matin de Paris*, 1978.
- *Discorama*, entretien avec Denise Glaser, 1965.
- Gilles Deleuze, « À quoi reconnaît-on le structuralisme ? », dans *L'Île déserte et autres textes, Textes et entretiens 1953-1974*, édition préparée par David Lapoujade, Minuit, 2002.

**p. 25**
- Marc Partouche, *La Lignée oubliée, bohèmes, avant-gardes et art contemporain de 1830 à nos jours*, Al Dante, 2004.

**p. 32**
- *Le Quotidien de Paris*, 1982.

**p. 37**
- Gertrude Stein, *Le monde est rond – Autobiographie de Rose*, Tierce, 1984.

**p. 41**
- Christian Morgenstern, *Gesammelte Werke in einem Band*, Piper, 2003.

**p. 58**
- Gilles Verlant, *Gainsbourg*, Albin Michel, 2000.

**p. 75**
- *Cinémonde*, 1960.

**p. 76**
- Gilles Verlant, *op. cit.*

**p. 80**
- Gilles Verlant, *op. cit.*

**p. 97**
- Pierre Lartigue, *Rrose Sélavy, et cætera*, Le Passage, 2004.

**p. 104**
- *Discorama*, entretien avec Denise Glaser, 1965.

**p. 107**
- Gilles Verlant, *op. cit.*
- *Discorama*, entretien avec Denise Glaser, 1965.

**p. 124**
- Richard S. Kennedy, *Dreams in the Mirror, a Biography of E. E. Cummings*, Liveright, 1980.

**p. 135**
- Gilles Verlant, *op. cit.*
- *Variances*, 1970.

**p. 158**
- Erwin Panofsky, *Les Antécédents idéologiques de la calandre Rolls-Royce*, Le Promeneur, 1988.

**p. 170**
- *Spectacles*, 1973.

**p. 172**
- *Libération*, entretien avec Marcel Ophuls, 2005.

**p. 178**
- Gilles Deleuze, « Préface pour l'édition américaine de *L'image-temps* », dans *Deux Régimes de fous, Textes et entretiens 1975-1995*, édition préparée par David Lapoujade, Minuit, 2003.

**p. 184**
- *La Tribune de Genève*, 1964.
- Gertrude Stein, *Stanzas in Meditation*, Sun & Moon, 1994 (traduction française, *Strophes en méditation*, Al Dante, 2005).

**p. 197**
- *Le Matin Dimanche*, 1979.
- Michel Droit, *Le Figaro Magazine*, 1979.
- Aragon, *Œuvres poétiques complètes*, tome 7, Livre Club-Diderot, 1977

**p. 200**
- Aragon, *op. cit.*
- Gilles Verlant, *op. cit.*

**p. 204**
- Claude Michel Cluny, article « Gainsbourg », *Dictionnaire du cinéma*, sous la direction de Jean-Louis Passek, Larousse, 1995.
- *Arts*, 1958.

**p. 206**
- Boris Vian, *Le Canard enchaîné*, 1958.

**p. 215**
- Gottfried Benn, *Un poète et le monde*, Gallimard, 1989.

**p. 218**
- Gilles Deleuze, Claire Parnet, *Dialogues*, Champs-Flammarion, 1996.

**p. 221**
- Jean Nohain, François Caradec, *Le Pétomane, 1857-1945, Sa vie – son œuvre*, Jean-Jacques Pauvert, 1967.
- *Art Press*, 1980.
- *Libération*, 1980.
- Aragon, *op. cit.*

**p. 224**
- *Vogue*, 1994.
- Marc Partouche, *op. cit.*
- Gilles Verlant, *op. cit.*

# — REMERCIEMENTS

**La conception de la première édition de ce livre et la réalisation de cette nouvelle édition n'auraient pas été possibles sans l'aide précieuse de :**

Jean-Christophe Averty, Catherine Aygalinc, Laurent Balandras, Jeff Barnel, Kate Barry, Stefano Bianchetti, Jean-Yves Billet, Florence Bon, Daniel Bouteiller (TCD), Joëlle C. (Madame Arthur), Gilles Cappé, Serge Caseris (Le Mesnil-le-Roi), Véronique Colucci (Ma.Ro.Ko.), Danièle Delmotte (restaurant Flavio), Thomas Dutronc, Gérard Epinat, Henri Fermin (Dinard), Caroline Flahaut, Tony Frank, Lucien Gainsbourg, Véronique Garrigues, Paul Ginsburg, Olivier Gluzman (Les Visiteurs du Soir), Odile Herry (Champsfleur), Jean d'Hugues, William Klein, Jérôme Lacharmoise, Catherine Laignel (VMA), Philippe Lerichomme, Mohamed Lunes, Noémie Mainguet, Édith Monège (Radio France), Hélène Orizet, Vittorio Perrota, Loïc Picaud, Georges Pludermacher, Bruno Pouchin (Roger-Viollet), Jean-Pierre Prioul, Daniela Romano, Cécile Rap Veber (Universal Music), Jean-Marie Rata, Fanny Rolland, Isabelle Sadys (Gamma Rapho), Catherine Seignouret, Catherine Terk (Rue des archives), Grégoire Thonnat, Pauline Virenque (Universal Music), Daniel Zakine.

**L'éditeur remercie particulièrement :**

Bambou
Andrew Birkin
Jane Birkin
Jacqueline Ginsburg
et tout spécialement Charlotte Gainsbourg.

# — CRÉDITS

Archives du restaurant Le Flavio : p. 66
Archives de la Sacem : p. 70, 71
Botti / Stills / Gamma : p. 112, 159
CAP / Roger-Viollet : p. 43
Collection Laurent Balandras : p. 80, 83, 96, 99, 103, 142, 145, 153 (bas), 162, 171, 172, 223, 226
Collection Andrew Birkin : p. 139, 168, 169
Collection Jane Birkin : p. 165
Collection Serge Caseris : p. 65 (bas)
Collection Christophel © Les Films de la Pleiade / DR : p. 90
Collection Christophel © Paramount Pictures / DR : p. 120
Collection Véronique Colucci / Photo Philippot : p. 210 (bas)
Collection Jacqueline Ginsburg / clichés Stefano Bianchetti : p. 16, 20, 21, 23 (haut), 25, 29, 30, 33 (en haut à droite, en bas), 42, 57, 59
Collection Odile Herry : p.65 (haut)
Collection particulière : p. 33 (en haut à gauche), 35, 46, 49, 61, 62, 63, 77, 81, 82, 85, 98, 100 (La Javanaise © 1962 Warner Chappell Music France Melody Nelson Publishing), 108 (Poupée de cire, poupée de son © 1965 Éditions Sidonie), 119 (Initials B.B. © 1968 Éditions Sidonie & Melody Nelson Publishing), 126, 128, 129 (Ford Mustang © 1973 Warner Chappell Music France & Melody Nelson Publishing), 146 (haut), 150, 153 (haut), 160-161, 173, 180, 184, 191 (haut), 196, 208, 209, 211, 231, 232 (haut et bas)
Collection particulière / clichés Stefano Bianchetti : p. 24, 26-27, 58, 69, 102 (La Fille au rasoir © 1989 Melody Nelson Publishing), 105 (New York USA © Emi Blackwood Music Inc & Productions Gérard Music), 110, 134, 140-141, 142, 145, 175, 179, 183 / ADAGP Paris 2015, 190, 191 (bas), 198, 199, 201, 202, 205, 217, 218, 219, 224
Collection particulière / © Éditions Gallimard : p. 220
Collection Georges Pludermacher : p. 64
Collection Jean-Marie Rata : p. 51
Corbis / Tony Frank : 229
Claude Delorme / Phonogram : p. 210 (haut)
Jean d'Hugues : couverture
Gamma : p. 125
Hurault / Viollet : p. 23 (bas)
Iconothèque de la Cinémathèque française : p. 176
Keystone : p. 36, 86-87, 109, 111, 122, 180, 222, 225
LAPI / Roger-Viollet : p. 38
Philippe Lerichomme : p. 192, 194-195
L'Illustration : p. 48, 72
L'Illustration / JdF : p. 92, 146 (bas), 212
Lipnitzki / Roger-Viollet : p. 78, 84, 130
Musée Carnavalet / Roger-Viollet : p. 44
Neurdein / Roger-Viollet : p. 34
Jean-Marie Périer : p. 106
Poirier / Roger-Viollet : p. 52
Rapho / François Corbineau : p. 148-149
Reporters associés / Gamma : p. 2-3, 116
Roger-Viollet : p. 232 (milieu)
Rougemont / Gamma : p. 79, 186
Rue des archives : p. 89, 101, 166-167, 207
Sipa : p. 185, 216
Stills / Gamma : p. 136-137
Ullmann / Roger-Viollet : p. 154

Achevé d'imprimer en juillet 2015
sur Munken Print White 150g
sur les presses de Printer portuguesa
à Rio de Moura au Portugal.

*laissez moi rire*